Taschenbuch
Deutsche
Länderbahn-Dampflokomotiven
Bd. 2

Lothar Spielhoff

Taschenbuch Deutsche Länderbahn-Dampflokomotiven Bd. 2

Franckh-Kosmos

Mit 137 Schwarzweißabbildungen

Lektorat und Herstellung von Siegfried Fischer, Stuttgart

Umschlag gestaltet von Kaselow Design, München, unter Verwendung einer Aufnahme aus dem Archiv des Verfassers. Sie zeigt eine Vierzylinder-Verbundlokomotive (bayer. E I) der Bauart Sondermann.

CIP-Titelaufnahme der Deutschen Bibliothek

Taschenbuch Deutsche Länderbahn-Dampflokomotiven / Lothar Spielhoff. – Stuttgart : Franckh-Kosmos.
NE: Spielhoff, Lothar [Mitverf.]; Deutsche Länderbahn-Dampflokomotiven
Bd. 2. Baden, Bayern, Pfalz und Württemberg. – 1990
ISBN 3-440-06146-9

ISBN 3-440-06146-9
Printed in Germany / Imprimé en Allemagne
Satz: Typobauer Filmsatz, Ostfildern
Druck und buchbinderische Verarbeitung:
Graphische Kunstanstalt Jos. Huber KG, Dießen

Taschenbuch Deutsche Länderbahn-Dampflokomotiven Band 2

Bayerische Staatsbahn

Bayerisches Netz

Württembergische Staatsbahn

Abkürzungen

Al	= Alsace-Lorraine (Elsaß-Lothringen, frz. Verwaltung)
DGEG	= Deutsche Gesellschaft für Eisenbahn-Geschichte
DR	= Deutsche Reichsbahn
DRG	= Deutsche Reichsbahn-Gesellschaft
ETAT	= Französische Staatsbahn, später SNCF
KED	= Königliche Eisenbahn-Direktion
KPEV	= Königlich-Preußische Eisenbahn-Verwaltung
MBGK	= Maschinen-Bau-Gesellschaft Karlsruhe
MG	= Maschinenbau-Gesellschaft
RAW	= Reichsbahn-Ausbesserungs-Werk
RBD	= Reichsbahn-Direktion
TH	= Technische Hochschule

Vorwort

Das Eisenbahnzeitalter begann in Deutschland mit der Eröffnung der „Ludwigseisenbahn" von Nürnberg nach Fürth am 7. Dezember 1835 als Privatbahn. Eine weitere Privatbahn war die 1839/40 eröffnete von München nach Augsburg, die am 1. Oktober 1844 vom bayerischen Staat übernommen wurde. Damit begann der staatliche Eisenbahnbetrieb in Bayern. Eine Besonderheit im bayerischen Eisenbahnbau stellt die private Ostbahn dar. Diese Gesellschaft baute ihre erste Strecke von Nürnberg nach Regensburg nicht direkt, sondern über Neukirchen, Amberg und Schwandorf. Diese Strecke wurde im Jahre 1858/59 eröffnet. Weitere Strecken wurden in Ostbayern gebaut. Die Verstaatlichung der Bayerischen Ostbahn begann am 1. Januar 1875 bzw. am 10. Mai 1875. Die Fahrzeuge hatten jedoch die bayerischen Merkmale und konnten mit einigen Änderungen übernommen werden.
Ein Novum unter den deutschen Eisenbahnen stellte die Pfälzische Eisenbahn dar. Sie war von 1848 bis zur Übernahme durch Bayern am 1. Januar 1909 das größte private Eisenbahnunternehmen. Sie trug den Namen „Pfälzische Ludwigsbahn", und als erste Strecke wurde am 11. Juni 1847 die von Ludwigshafen nach Neustadt an der Hardt und von Schifferstadt nach Speyer eröffnet. Die Strecke von Ludwigshafen nach Neunkirchen wurde im August 1849 fertig.
Nach der Übernahme der Pfälzischen Eisenbahn stand der Lokomotivbau ganz unter dem Einfluß Bayerns, nur wenige Typen waren noch Eigenentwicklungen.
In Baden begann der Eisenbahnbetrieb mit der Eröffnung der Strecke Mannheim – Heidelberg am 12. September 1840 mit der Spurweite von 1600 mm. Die Strecken wurden bis 1851 in weiteren Abschnitten über Karlsruhe und Freiburg bis Haltingen ausgebaut. An das badische Netz wurde 1846 die normalspurige Main-Neckar-Bahn und 1853 die Württembergische Staatsbahn in Bruchsal angeschlossen. Die Politiker und Techniker in Baden haben sehr bald ihren folgenschweren Fehler mit der Breitspur eingesehen und veranlaßten den Umbau aller Strecken auf Normalspur im Jahre 1854/55.
Wie in Baden, so war auch in Württemberg der Eisenbahnbau von Anfang an unter staatlicher Aufsicht und Betrieb. Die erste Strecke, von Cannstatt nach Esslingen, wurde im Jahre 1845 eröffnet, im Oktober 1846 folgte die Strecke Cannstatt – Stuttgart – Ludwigsburg. Die erste Strecke wurde damals als „Centralbahn" bezeichnet.
Dem technisch besonders interessierten Eisenbahnfreund und Lokomotiv-Liebhaber wird, wenn er die Taschenbücher „Deutsche Dampflokomotiven" und „Länderbahn-Dampflokomotiven" vergleicht, auffallen, daß die

technische Entwicklung der Bauarten verschiedene Wege ging. Im Norden wurden die Zwei- und Dreizylinder mit einfacher Dampfdehnung bevorzugt, im Süden die Vierzylinder in Verbundausführung, abhängig von den jeweiligen Maschinen-Vorständen bzw. Konstrukteuren.
Band 1 des Taschenbuchs behandelt die Lokomotiven von Preußen, Sachsen, Mecklenburg, Oldenburg sowie der Reichseisenbahnen Elsaß-Lothringen. Die technischen Daten entstammen den Landesarchiven und den Angaben der einzelnen Bahnen. Es kann sich ergeben, daß einzelne Daten durch die verschiedenen Publikationen voneinander abweichen. Die technischen Daten aus der Frühzeit der Eisenbahn zusammenzustellen und zu vergleichen bedurfte zeitraubender Recherchen. Trotz aller Bemühungen gelang es nicht immer, die Lücken zu schließen.
Die Beschaffung der fotografischen Unterlagen stellte sich als die größte Schwierigkeit heraus. Wo keine zu finden waren, soll eine Skizze die wesentliche Information vermitteln.
Besonders danke ich allen, die mich in dieser Weise unterstützt haben: Herrn Braitmaier in Stuttgart, Herrn Dr. Scheingraber in Hechendorf, Herrn Schreiber in Mainz, Herrn Schörner in Ottobrunn und dem Franckh-Kosmos-Verlag mit seinem Archiv.

Esslingen, Juli 1990

Einteilung nach Ländern

Die deutschen Länderbahnen besaßen zu Beginn des Ersten Weltkrieges ein Gesamt-Streckennetz von 58775 km Länge mit rund 29550 Lokomotiven und 754000 Wagen.
Am 1. April 1920 wurden die Länderbahnen zur Deutschen Reichsbahn zusammengeschlossen. Das Streckennetz verkleinerte sich bedeutend um die Strecken der abgetretenen Gebiete im Westen, Norden und Osten des Reiches.
Das Streckennetz der neuen Reichseisenbahnverwaltung setzte sich aus den Strecken folgender ehemaliger Länderbahnen zusammen:
1. Preußisch-Hessische Staatseisenbahnen
2. Bayerische Staatseisenbahnen
3. Sächsische Staatseisenbahnen
4. Badische Staatseisenbahnen
5. Württembergische Staatseisenbahnen
6. Oldenburgische Staatseisenbahnen
7. Mecklenburgische Friedrich-Franz-Bahn
8. Reichseisenbahnen Elsaß-Lothringen.

(waren von 1871 bis 1918 dabei).
Die meisten Länderbahnen hatten nicht von Anfang an sogenannte Gattungsbezeichnungen eingeführt. Es waren teilweise Bezeichnungen mit den Buchstaben A, B, C oder den Zahlen 1, 2, 3 – fortlaufend, je nach Lokomotivlieferung.
Im Laufe der Jahrzehnte kamen bei den Lokomotiven Blech- oder Barrenrahmen, Innen- oder Außentriebwerke mit innerer oder äußerer Steuerung nach verschiedenen Bauarten, feste oder einstellbare Achsen, vor- oder nachlaufende Lenk- bzw. Drehgestelle. Weiterhin gab es die Entwicklung vom Naßdampf zum Heißdampf, teilweise kehrte man, besonders in Norddeutschland, von der doppelten zur einfachen Dampfdehnung zurück. Die Steigerung von der zweifach gekuppelten zur dreifach gekuppelten Reisezuglokomotive, von der dreifach gekuppelten Güterzuglokomotive, die über fast 60 Jahre dominierend war, zur vier- und fünffach gekuppelten Güterzuglokomotive folgte. Selbst bei den Schnellzuglokomotiven hatte man Treibräder mit neun verschiedenen Durchmessern von 1800 bis 2200 mm. Jede Länderbahn hatte ihre eigene Bauart- und Ordnungsbezeichnung. Auch eine Namensgebung war vorhanden, wurde aber später fallengelassen, je mehr Lokomotiven in den Betrieb kamen. Manche Länderbahnen gaben ihnen Städte-, Fluß-, Berg-, Flur-, Götter- oder Geschichtsnamen. Unter der Bauartbezeichnung verstand man in Preußen die Gattung G 1, G 2, G 3, G 4^1, G 4^2, T 1, T 2, T 3 oder die bayer.-pfälz. C I, C II, C III, C IV, G 2^1, G 2^2, G 3/3 usw. Die Ordnungsbezeichnung diente der

Unterscheidung der einzelnen Lokomotiven von allen anderen der gleichen Verwaltung durch Nummern – arabische, teilweise auch römische Zahlen oder große lateinische Buchstaben – oder, wie schon erwähnt, durch Namen mit oder ohne Nummern.
Man unterschied bei den Ordnungsnummern zwei Arten: die „wilden Nummern" und die „Reihennummern". Unter wilden Nummern verstand man die Aneinanderreihung aller Lokomotiven in der Reihenfolge ihrer Beschaffung, ohne Rücksicht auf ihre Bauart. Die Reihennummern bei gleicher Bauart unter bestimmten Nummerngruppen, wobei Hunderter- oder Tausenderreihen die Möglichkeit boten, bei Nachlieferungen unmittelbar hinter der Nummer der Erstlieferung anzuschließen.
Bei Verwendung von wilden Nummern, die durch Ausmusterung frei wurden, war das Chaos vollständig. Alte und neue Lokomotiven standen in der Nummernfolge neben- bzw. hintereinander.
Die meisten Länderbahnen hatten ihre Lokomotiven von Anfang an mit wilden Nummern versehen. Beim Aufgehen in der Deutschen Reichsbahn im Jahre 1923 war die wilde Numerierung noch bei der Badischen Staatsbahn und der linksrheinischen bayerischen Bahn (Pfalz) vorhanden. Bei der Oldenburgischen und Mecklenburgischen war sie ebenfalls, jedoch ohne Ersatznummern, vorhanden. Eine reine Reihennumerierung hatte nur die Preußisch-Hessische Staatsbahn. Die übrigen drei Bahnverwaltungen nahmen eine gemischte Numerierung vor und zwar derart, daß in Bayern und Württemberg die älteren Gattungen wild, die neueren reihenmäßig genummert waren. In Sachsen waren neben der reihenmäßig genummerten Gattung neuerer Lieferungen wieder Ersatznummern vorhanden.

Preußisch-Hessische Staatsbahn

Der preußische Staat hatte von Anfang an kein Interesse, eigenen Bahnbau zu betreiben. Er vergab lediglich die erforderlichen Konzessionen mit dem Recht, die Bahnen zu einem späteren Zeitpunkt zu erwerben. Daher gab es in Preußen eine große Anzahl von Privatbahnen – etwa 48 – mit einem sehr umfangreichen Streckennetz.
Aus strategischen Gründen begann der preußische Staat in den siebziger und achtziger Jahren des vorigen Jahrhunderts, die Privatbahnen aufzukaufen und in die neu geschaffene Preußische Staatsbahn zu integrieren. So waren die alten Lokomotiven der Privatbahn noch lange im Dienst, obwohl sie in das Nummernschema von Preußen eingereiht wurden.
In der Anfangszeit der Preußischen Staatsbahn gab es keine eigenen Gattungsbezeichnungen. Jede Lokomotive war durch eine eigene Betriebsnummer gekennzeichnet, die aus dem Direktionsnamen und einer

Zahl bestand. Die kleinsten Nummern erhielten Schnellzuglokomotiven, es folgten Personenzug- und Güterzuglokomotiven, die höchsten Nummern erhielten die Tenderlokomotiven – größer als 1000.
Erst im Jahre 1906 wurden die Lokomotivgattungen eingeführt. Eingeteilt wurde in vier Hauptgattungen: S, P, G und T, unterteilt durch arabische Ziffern. Hierbei erhielten Lokomotiven mittlerer Leistung die Ziffer 3, schwächere reihte man davor, stärkere und Neubauten dahinter ein.
Aus S 4, P 6, G 6 und T 6 bis T 20 bezeichnete man Heißdampflokomotiven mit geraden Zahlen. Demnach waren vorhanden:

S 1 bis S 12 Schnellzuglokomotiven mit Schlepptender
P 0 bis P 10 (ohne P 9) Personenzuglokomotiven mit Schlepptender
G 1 bis G 12 Güterzuglokomotiven mit Schlepptender
T 0 bis T 20 Tenderlokomotiven
T 26, T 28 Zahnradlokomotiven
T 31 bis T 42 (ohne T 41) Schmalspur-Tenderlokomotiven

Das gleiche Gattungsschema besaßen die Mecklenburgische Friedrich-Franz-Bahn, die Oldenburgische Staatsbahn, die Reichseisenbahnen in Elsaß-Lothringen sowie einige Privatbahnen. Es entstanden auch die sogenannten KPEV-Direktionen wie Elberfeld, Hannover, Köln, usw.

Bayerische Staatseisenbahnen

Die Bayerischen Staatsbahnen hatten bis zum Übergang auf die Deutsche Reichsbahn drei verschiedene Bezeichnungen:

a) die alte bayerische Bezeichnung, für die bis etwa zum Jahre 1900 eingeführten Lokomotivgattungen
b) die neue bayerische Bezeichnung, die ab dem Jahre 1910 auch für das ehemalige pfälzische Netz galt
c) die alte Bezeichnung der pfälzischen Eisenbahnen bis zum Jahre 1909.

a) Alte bayerische Bezeichnung
Die Lokomotiven wurden ihrem Kupplungsverhältnis entsprechend in fünf Hauptgruppen A bis E eingereiht und mit römischen Zahlen gemäß ihrer Beschaffungsfolge versehen:

A I–A V	ungekuppelte Lokomotiven mit Schlepptender
AA I	ungekuppelte Lokomotiven mit Verspannachse
B I–B XI	zweifach gekuppelte Lokomotiven mit Schlepptender
BB I–BB II	2×2/2-gekuppelte Mallet-Lokomotiven
C I–C VI	dreifach gekuppelte Lokomotiven mit Schlepptender
D I–D XII	zwei- und dreifach gekuppelte Tenderlokomotiven
E I	vierfach gekuppelte Lokomotiven mit Schlepptender.

b) Neue bayerische Bezeichnung
Die Einteilung erfolgte in die sechs Gattungsgruppen:
S, P, G, Pt, Gt, R.
Weiter unterteilt wurde durch den Zusatz von Kleinbuchstaben (z = Zahnrad, s = Schmalspur) oder Großbuchstaben (L = Lokalbahn, H = Heißdampf, N = Naßdampf) oder Buchstabengruppen (Zw = Zwilling, Verb. = Verband). Außerdem wurde das Achsverhältnis in Form eines Bruches angegeben (3/5 = 3 Kuppelachsen, 5 Achsen insgesamt).

Es gab folgende Hauptgruppen:

S 2/5, 2/6, 3/5, 3/6	Schnellzuglokomotiven
P 2/4, 3/5	Personenzuglokomotiven
G 3/3, 3/4, 4/5, 5/5	Güterzuglokomotiven
Pt 2/3, 2/4, 2/5, 3/6	Personenzugtenderlokomotiven
Gt 2×4/4	Güterzugtenderlokomotiven
R 3/3, 4/4	Tenderlokomotiven für Verschiebedienst
PtL 2/2, 3/3, 3/4	Personenzugtenderlokomotiven für Lokalbahnen
PtzL 3/4	Personenzugtenderlokomotiven für Zahnradstrecken
Pts 2/2, 3/3, 3/4	Personenzugtenderlokomotiven für Schmalspurbahnen
GtL 4/4, 4/5	Güterzugtenderlokomotiven für Lokalbahnen
Gts 4/4, 2×3/3	Güterzugtenderlokomotiven für Schmalspurbahnen.

Die bayerischen Lokomotiven trugen anfangs bis 1890 am Schornstein Inventarnummern, die vollkommen zusammenhanglos waren. Alle Lokomotiven trugen einen Namen. Diese waren im amtlichen Verzeichnis alphabetisch aufgelistet. Ab dem Jahre 1891 erhielten alle neu- und weitergebauten Lokomotiven nur noch Betriebsnummern in nunmehr zusammenhängenden Zahlengruppen.
Eine Ausnahme bildeten die Ostbahnlokomotiven, die am 1. Januar 1876 von der Staatsbahn übernommen wurden. Sie behielten ihre alten Bezeichnungen von 1001 bis 1189 und wurden entsprechend beschildert. Sie hatten von Anfang an die entsprechende Gattungsbezeichnung A, B, C, D und E, wobei die D und E B-gekuppelte Lokomotiven waren.

c) Pfälzische Eisenbahnen
Die Pfalzbahn befand sich bis zum Jahre 1908 in privater Hand und wurde erst am 1. Januar 1909 von der Bayerischen Staatsbahn über-

nommen. Die Einteilung in die Hauptgruppen P, G, T und L war ähnlich der preußischen. Die Unterteilung erfolgte durch arabische Ziffern und durch hochgestellte römische Ziffern. Nachstehend die Hauptgruppen:

P 1 bis P 5	Lokomotiven mit Schlepptender und Tenderlokomotiven für Reisezüge
G 1 bis G 5	Lokomotiven mit Schlepptender für Güterzüge
T 1 bis T 5	Tenderlokomotiven für Verschiebe- und Nebenbahnen
L 1 und L 2	Tenderlokomotiven für schmalspurige Lokalbahnen.

Die nach der Verstaatlichung in der weiterhin selbständigen Pfälzischen Bahn beschafften Lokomotiven erhielten die bayerische Bezeichnung (S 3/6, Pt 3/6, G 3/5, D VIII, Pts 2/2, 3/3).

Sächsische Staatsbahnen

Die sächsische Verwaltung hatte ihre Lokomotiven in 18 Hauptgattungen eingeteilt, die mit römischen Zahlen I XVI, VVIII und XX bezeichnet waren. Sie erhielten außerdem Namen. Die Lokomotiven für den Schnellzug- und Personenzugdienst erhielten die geraden, diejenigen für Güterzüge, Verschiebe- und Nebenbahnen die ungeraden Zahlen. In der Regel umfaßte die Hauptgattung alle Lokomotiven des gleichen Achskuppelverhältnisses, abgesehen von den Schmalspurlokomotiven. Nur die zahlreichen 1C-gekuppelten Lokomotiven waren auf mehrere Gattungen verteilt. Die Naßdampflokomotiven mit einfacher Dampfdehnung und Schlepptender erhielten auch die einfachen Zahlen, von denen sich die neueren Spielarten und die Tenderloks durch folgende Zusätze unterschieden:

V = Verbundlokomotiven
H = Heißdampflokomotiven
T = Tenderlokomotiven
O = Lokomotiven für Omnibuszüge
S = Nebenbahnloks für Vollspur
M = Nebenbahnloks für 1-m-Spur
K = Nebenbahnloks für 750-mm-Spur

F = Feuerlose Lokomotiven
a = alt
b = mit beweglicher Vorderachse (nur bei den älteren Gattungen)
1 nur zur Unterscheidung sonst gleicher Loks in solche für
2 Schnell-und Personenzugdienst

Durch Zusätze wurden sie auch zu mehreren nebeneinander gesetzt, bei Schmalspurlokomotiven aber nur die Zeichen M, K und b. Ferner war es gebräuchlich, vor dem Gattungszeichen abgekürzt die Lieferfirma anzugeben:

B	= Borsig		K	=	Keßler (Esslingen)
Br	= Breslau		Kr	=	Krauß
C	= Carlsruhe		Schi	=	Schichau
E	= Egestorff (Hanomag)		Sgl	=	Sigl
H	= Hartmann		Schw	=	Schwartzkopff
Hth	= Hawthorn (Newcastle)		U	=	Union
Hl	= Henschel		W	=	Wöhlert

EW = eigene Werkstatt

Badische Staatsbahn

Als einzige deutsche Staatsbahn besaß die Badische Staatsbahn ab 1840 die 1600-mm-Breitspur. Nachdem der Fehler erkannt war, baute man in den Jahren 1854/55 das ganze Netz und fast alle Lokomotiven in Normalspur um.
In der Bezeichnung wurden alle Lokomotiven mit gleicher Achsordnung und Leistung zu einer Gattung zusammengefaßt. Die Gattungsbezeichnung bestand dabei aus arabischen Zahlen und einem kleinen Buchstaben, der auch die Bauweise angab. So war die 1a die erste Serienlokomotive, die 1c die letzte (theoretisch bis z möglich).
Bis zum Jahre 1868 besaß die Badische Staatsbahn 14 Gattungen, wovon die Gattungen 1 bis 8 Breitspurlokomotiven waren:

Gattung 1 bis 4	Achsanordnung 1A1	Gemischt-Lok
Gattung 5	Achsanordnung 1B	Personenzug-Lok
Gattung 6	Achsanordnung C	Güterzug-Lok
Gattung 7	Achsanordnung 2B	Personenzug-Lok
Gattung 8	Achsanordnung 1A1	Gemischtzug-Lok

Im Jahre 1868 wurde ein neues Gattungssystem mit römischen Ziffern eingeführt. Unterbaureihen wurden wiederum durch kleine Buchstaben gekennzeichnet. Außerdem wurden hochgestellte Ziffern an die Buchstaben angefügt. Diese arabische Ziffer gab die Lieferserie an und wurde auch in Baden als Reihe bezeichnet.
Bis zum Jahre 1868 erhielten die Lokomotiven zusätzlich noch einen Namen. Bei der neuen Gattungsbezeichnung gab man den Lokomotiven als Zusatz noch das Wort „alt“.

Das neue Gattungsbezeichnungssystem unterschied sich wie folgt:

Ia–Ig	2- und 3-achsige leichte Tenderlokomotiven der Achsanordnung 1A, B, 1B für Nebenbahnen, Verschiebedienst
IIa alt	Crampton Schnellzuglok Achsanordnung 2A
IIa–IId	Schnellzuglokomotiven, Achsanordnung 2B, 2B1
IIIa–IIIb	Personenzuglokomotiven mit Schlepptender, Achsanordnung 2B
IVa–IVh	Personenzug- und Schnellzuglokomotiven, Tenderlokomotiven, Achsanordnung 1B1, B1, 2C, 2C1, 1C1
P 8	die preußische Bezeichnung wurde übernommen
Va–Vb	Personenzugtenderlokomotiven, Achsanordnung 1B
VIa alt	Güterzuglokomotiven mit Schlepptender, Achsanordnung C
VIa–VIc	Personenzugtenderlokomotiven, Achsanordnung 1C und 1C1
VIIa–VIId	Güterzuglokomotiven, Achsanordnung C
VIIIa–e	Güterzuglokomotiven verschiedener Bauarten Achsanordnung D Loks mit Schlepptender Achsanordnung BB Loks mit Schlepptender Achsanordnung BB Loks als Tenderloks Achsanordnung 1D Loks als Schlepptender
G 12	die preußische Bezeichnung wurde übernommen
IXa+b	Zahnradtenderlokomotiven, Achsanordnung C und C1
X	Kranlokomotiven
Xa+b	Tenderlokomotiven für Verschiebedienst, Achsanordnung C und D.

Württembergische Staatsbahn

In Württemberg wurden die Gattungen als Lokomotivklassen bezeichnet und waren von Anfang an mit römischen Zahlen belegt. Bei der Zuordnung wurde zwischen Klasse, Achsfolge und Hersteller unterschieden:

Klasse I	2B Norries
Klasse II	1B Baldwin
Klasse III	2B Kessler und Maffei
Klasse IV	C Esslingen
Klasse V	2B Esslingen
Klasse VI	2B Schnellzuglokomotiven
Klasse VII	2B Personenzuglokomotiven.

Im Jahre 1858 wurde diese Klassenbezeichnung auf Großbuchstaben umgestellt. Es gab jetzt die Klassen „A“ bis „F“ und zusätzlich die Klasse „T“ für Tenderlokomotiven.

Die Hauptgattungen waren:

A–E	Reisezuglokomotiven
F–K	Güterzuglokomotiven
T	Tenderzuglokomotiven T 2–T 6.

Die Tenderlokomotiven T 2 bis T 5 wurden entsprechend der Achszahl bezeichnet, die Gattungen T 9, T 14^1 und T 18 entsprachen der preußischen Bezeichnung. Abweichend hiervon wurden die Zahnradlokomotiven nicht mit T bezeichnet, sondern mit dem Buchstaben der Lok unter Zusatz von z. Die Tenderloks für die Spurweite von einem Meter erhielten die Bezeichnung Ts, diejenigen für die 750 mm Spurweite Tss und die Achszahl. Nur die BB-Mallet-Lok hieß Tssd (duplex), mitunter auch Tss4b.
Die Klassen umfaßten folgende Lokomotiven:

A, B	1B-gekuppelte Personenzuglokomotiven
AD, E	2B-gekuppelte Schnellzuglokomotiven
C, D	2C1-, 2C-gekuppelte Schnellzuglokomotiven
F	C-, 1C-gekuppelte Güterzuglokomotiven
G, H	E-gekuppelte Güterzuglokomotiven
G 12, K	1E-, 1F-gekuppelte Güterzuglokomotiven
T 2–T 6, T 9, Tu, T 14^1, T 18	Vollspurige Tenderlokomotiven
Fz, Hz	Zahnradtenderlokomotiven
Ts^3–Ts^4	Tenderlokomotiven 1 m Spurweite
Tss^3–Tss^4, Tssd	Tenderlokomotiven 750 mm Spurweite.

Um das Jahr 1892 wurden diese Klassenbezeichnungen mit Kleinbuchstaben und angehängten arabischen Ziffern vervollständigt, um die verschiedenen Ausführungen zu unterscheiden. Diese Ergänzungsbuchstaben stellten die technischen Besonderheiten und den Einsatzzweck stärker heraus:

c = Verbundlokomotive (Compound)
h = Heißdampf
n = Nebenbahnen
z = Zahnradlokomotiven
s = Schmalspur 1000 mm
ss = Schmalspur 750mm
d = Mallet-Lokomotive (Duplex).

Die Namensgebung bei Lokomotiven behielt man in Württemberg bis zum Jahre 1896 bei.
Württemberg baute im Laufe der Jahre ca. 315 Lokomotiven verschiedener Gattungen um, die dann Betriebsnummern von 1 bis 336 erhielten und unter Umständen auch in eine andere Klasse übernommen wurden.

Oldenburgische Staatsbahn

Obwohl die oldenburgischen Lokomotiven typenmäßig den preußischen ähnlich waren, hatten sie eine andere Bezeichnungsweise. Alle Lokomotiven erhielten fortlaufende Betriebsnummern und einen Namen.
Erst um das Jahr 1903 wurden vier Hauptgattungen eingeführt, nämlich Schnellzug-, Personenzug-, Güterzug- und Tenderlokomotiven, welche durch die Buchstaben „S", „P", „G" und „T" gekennzeichnet wurden. Auf diese Buchstaben folgte zur genauen Angabe der Untergattung eine Zahl.
In Oldenburg wurden folgende Gattungen vergeben:
S 3, S 5, S 10, P 0, P 4, P 8, G 1, G 4, G 8, G 9, T 0 – T 3, T 5 und T 13.
Die Betriebsnummern gingen von 1 bis 294, ohne Doppelbelegung wie bei anderen Bahnen.

Mecklenburgische Friedrich-Franz-Bahn

Wie bei den meisten Bahnen erhielten die ersten 27 Lokomotiven nur einen Namen. Erst ab dem Jahre 1864 wurden neben den Namen Bahn-Nummern vergeben. Diese Regelung wurde bis zum Jahre 1894 beibehalten.
Nach der Übernahme durch den Staat wurde ab 1895 ein Serien-Nummernplan eingeführt. Die Bezeichnungsarten wurden nach preußischem Muster angewandt, so wurden Personenzug-, Güterzug- und Tenderlokomotiven durch die Buchstaben „P", „G" und „T" gekennzeichnet. Mecklenburg hatte die Gattungen P 2, P 3, P 4, P 8, G 3, G 4, G 7, G 8, T 3, T 4 und T 9.

Reichseisenbahnen Elsaß-Lothringen

Nach der Gründung des Deutschen Reiches im Jahre 1871 kam Elsaß-Lothringen hinzu, dessen Bahnen unter der Bezeichnung Reichseisenbahnen aufgenommen wurden. Frankreich gelang es damals, den gesamten Fahrzeugpark abzuziehen, so daß keine Lokomotiven mehr vorhanden waren. Sie mußten alle neu beschafft werden.
Die Lokomotiven wurden in Reihen eingeteilt, wobei jedes Fahrzeug eine Betriebsnummer erhielt:

A Reisezuglokomotive
B Gemischtzuglokomotive
C Güterzuglokomotive
D Normalspurige Tenderlokomotive
E Meterspurige Tenderlokomotive

Die Unterbauarten wurden nicht, wie in Bayern üblich, durch römische oder arabische Zahlen unterschieden.

Außer einer durchlaufenden Betriebsnummer erhielten die Lokomotiven – abgesehen von den schmalspurigen – folgende Namen:

Reihe A und B	Flußnamen
Reihe C	Ortsnamen
Reihe D	Personennamen (mythologische und Vornamen)

Dieses Bezeichnungsschema wurde bis zur Lokomotive 1088 im Jahre 1906 beibehalten. Danach wurde die preußische Gattungsbezeichnung wie

S = Schnellzuglokomotive
P = Personenzuglokomotive
G = Güterzuglokomotive
T = Tenderlokomotive

eingeführt, jedoch mit anderer Bedeutung der durch Zahlen gekennzeichneten Unterbauarten als in Preußen. Die Lokomotiven wurden in Hunderter-Reihen genummert:

S von 1 bis 500
P von 501 bis 1000
G von 1001 bis 2000
T von 2001 bis 3000

Ende 1912 wurden die preußischen Gattungsbezeichnungen und Nummern unverändert übernommen.
Von einigen Kriegsverlusten abgesehen, ging der gesamte Fahrzeugpark in den Besitz des französischen Staates über.
Die Reihen gingen von
A 1 bis A 18, anschließend folgten S 9, S 10, S 12, S 14, S 16
B 1 bis B 5 , anschließend folgte P 8
C 1 bis C 32, anschließend folgten G 5^4, G 7, G 8, G 10, G 12
D 1 bis D 33, anschließend folgten T 12, T 13, T 14, T 16, T 18, T 19, T 20

Lokomotive für gemischten Betrieb

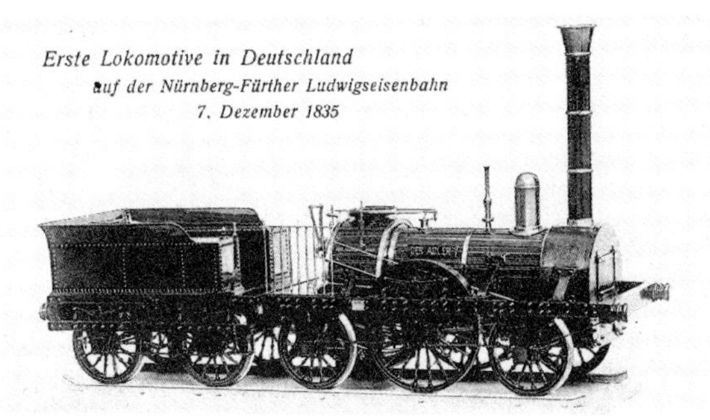

Erste Lokomotive in Deutschland
auf der Nürnberg-Fürther Ludwigseisenbahn
7. Dezember 1835

Gattung „Adler"

Bauart	1A1n2	Rostfläche	0,48 m²
Treib- und Kuppelrad-Ø	1371 mm	Verdampfungsheizfläche	18,2 m²
Laufrad-Ø vorn	915 mm	Überhitzerheizfläche	– m²
Laufrad-Ø hinten	915 mm	Zylinder-Ø	229 mm
Länge über Puffer	7508 (7329) mm	Kolbenhub	406 mm
Höchstgeschwindigkeit	40/70 km/h	Achslast max.	– Mp
Leistung	21 PSi	Lokreibungslast	– Mp
Kesselüberdruck	3,5 kp/cm²	Lokdienstlast	6,73 Mp

Erstes Baujahr: 1835

Tender: 2 T 2

Es ist sehr bedauerlich, daß uns der „Adler", die erste deutsche Lokomotive der Königlichen Privilegierten Ludwigs-Eisenbahngesellschaft aus der englischen Fabrik Robert Stephensons nicht erhalten blieb. Wir wissen heute nicht, warum damals – nach zwanzig Betriebsjahren – der Adler bei einer Reparatur nicht so instand gesetzt wurde, daß er noch länger in Betrieb bleiben konnte. Der im Verkehrsmuseum vorhandene Adler wurde 1935 zu damaligen 100jährigen Jubiläum im RAW Kaiserslautern vollständig nach den spärlichen noch vorhandenen Unterlagen nachgebaut. Zum 150jährigen Jubiläum wurde er im RAW Offenburg im Jahre 1984 abermals vollständig instandgesetzt und fuhr anschließend im Bundesgebiet bei zahlreichen Veranstaltungen. Bei den Probefahrten 1935 erreichte er bei Neigungen von 1:110 bis 1:140 auf 81 km Strecke eine durchschnittliche Geschwindigkeit von 33,7 km/h.

Betriebsnummern: –

Lokomotive für gemischten Betrieb

Gattung A I bayer.

Bauart	1A1n2	Rostfläche	0,72 – 0,83 m²
Treib- und Kuppelrad-Ø	1524 mm	Verdampfungsheizfläche	71 m²
Laufrad-Ø vorn	915 mm	Überhitzerheizfläche	– m²
Laufrad-Ø hinten	915 mm	Zylinder-Ø	318 mm
Länge über Puffer	~9739 mm	Kolbenhub	559 mm
Höchstgeschwindigkeit	40 km/h	Achslast max.	– Mp
Leistung	– PSi	Lokreibungslast	7,5 Mp
Kesselüberdruck	6,3 kp/cm²	Lokdienstlast	20,5 (15,0) Mp

Erstes Baujahr: 1844

Tender: 2 T 3,35

Die erste bayerische Gattung A I wurde von drei Lokomotivfabriken in Losen von jeweils acht Stück gebaut, und zwar von Maffei, Keßler, Karlsruhe, und Meyer in Mühlhausen im Elsaß. Es wurde schon damals verlangt, daß alle Teile austauschbar sind. Es waren also die ersten Lokomotiven, bei denen alle Teile von allen Herstellern gleich gefertigt sein mußten. Die Lokomotiven hatten eine Leistung von 70 t bei einer Steigung von 1:200 mit 33 km Fahrgeschwindigkeit zu erbringen, ebenfalls verlangt war die Möglichkeit der beliebig verstellbaren Expansionssteuerung während der Fahrt mit gleichbleibender Voröffnung. Die ganze Konstruktion entsprach vollständig den in England gebauten Lokomotiven. Die Loks besaßen Außenzylinder mit außenliegenden Schieberkästen, der Steuerungsantrieb der Bauart Meyer-Expansion lag innerhalb des Futterrahmens. Die ersten Lokomotiven wurden 1871 ausgemustert, fünf wurden umgebaut in B I, vier in C I, vier verkauft, der Rest bis 1874 verschrottet.

Betriebsnummern: –

Lokomotive für gemischten Betrieb

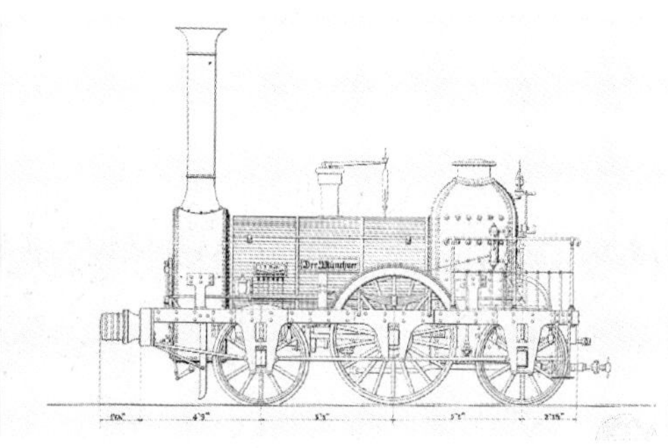

Gattung A I bayer. („Der Münchner")

Bauart	1A1n2	Rostfläche	0,93 m²
Treib- und Kuppelrad-∅	1524 mm	Verdampfungsheizfläche	46 m²
Laufrad-∅ vorn	915 mm	Überhitzerheizfläche	– m²
Laufrad-∅ hinten	915 mm	Zylinder-∅	305 mm
Länge über Puffer	– mm	Kolbenhub	457 mm
Höchstgeschwindigkeit	59 km/h	Achslast max.	– Mp
Leistung	ca. 105 PSi	Lokreibungslast	6,75 Mp
Kesselüberdruck	6 kp/cm²	Lokdienstlast	13,8 Mp

Erstes Baujahr: 1841

Tender: 2 T 3

„Der Münchner" war die erste in Bayern 1841 von der bayerischen Lokomotivfabrik J.A. Maffei in München gebaute Lokomotive. Sie befuhr die privat betriebene Strecke München – Augsburg, die 1844 von der Königlich-Bayerischen Staatsbahn übernommen wurde. „Der Münchner" wurde erst im Jahre 1845 sozusagen verstaatlicht und erhielt die Nr. 25, die letzte der Gattung A I. Die Achsen, Räder, Kessel und Feuerungsbüchsbleche wurden alle noch aus England bezogen. Der Stehkessel hatte die typisch englische Birnenform. Auch die Treibachse ohne Spurkranz und das gesamte Aussehen waren noch rein englisch. Bei einer Geschwindigkeit von 32 km/h konnte er zwischen München und Augsburg immerhin 141 t befördern. „Der Münchner" wurde 1859 verkauft und war bis zum Jahre 1871 noch in Betrieb, anschließend wurde er verschrottet.

Betriebsnummern: –

Lokomotive für gemischten Betrieb

Gattung A II bayer.

Bauart	1A1n2	Rostfläche	0,83 m^2
Treib- und Kuppelrad-Ø	1524 mm	Verdampfungsheizfläche	71 m^2
Laufrad-Ø vorn	915 mm	Überhitzerheizfläche	– m^2
Laufrad-Ø hinten	915 mm	Zylinder-Ø	318 mm
Länge über Puffer	12496 mm	Kolbenhub	559 mm
Höchstgeschwindigkeit	45 km/h	Achslast max.	7,6 Mp
Leistung	– PSi	Lokreibungslast	7,6 Mp
Kesselüberdruck	6 kp/cm^2	Lokdienstlast	21,8 Mp

Erstes Baujahr: 1847

Tender: 2 T 4,2

Diese Gattung war eine sog. Stephenson-„Longboiler"-Bauart und hatte gegenüber der Gattung A I eine wesentlich größere Heizfläche. Kennzeichnend war der als Innenrahmen ausgeführte Gabelrahmen und die durch die hintere Laufachse unterstützte Feuerbüchse mit der hohen Vierseitkuppel. Von Nachteil war der kurze Achsstand mit den großen überhängenden Massen sowie die schwache Befestigung der Außenzylinder. Der einzige Unterschied zu den Lieferungen von Maffei mit sechs und Keßler Karlsruhe mit sieben Stück bestand darin, daß Maffei die Speisepumpen innen an die Rückwärtsexzenter angehängt, Keßler dieselben außen hatte und an die Gegenkurbeln der Treibzapfen angetrieben hatte. Wegen des unruhigen Laufs der Lokomotiven wurde die hintere Laufachse um 127 mm zurückgesetzt. Einige Lokomotiven erhielten in den 60er Jahren Crampton-Kessel. Sechs Lokomotiven wurden in C I, drei Stück in B I umgebaut. Der Rest wurde ab 1871 bis 1877 ausgemustert.

Betriebsnummern: –

Lokomotive für gemischten Betrieb

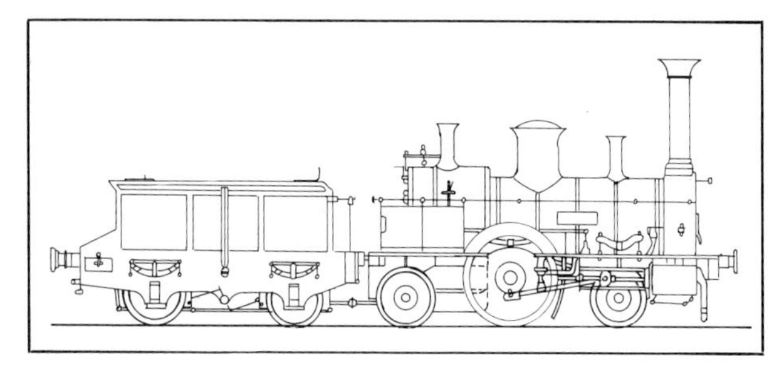

Gattung AIII bayer.

Bauart	1A1n2	Rostfläche	0,98 m^2
Treib- und Kuppelrad-Ø	1524 mm	Verdampfungsheizfläche	60,81 m^2
Laufrad-Ø vorn	915 mm	Überhitzerheizfläche	– m^2
Laufrad-Ø hinten	915 mm	Zylinder-Ø	356 mm
Länge über Puffer	11 290 mm	Kolbenhub	559 mm
Höchstgeschwindigkeit	50 km/h	Achslast max.	– Mp
Leistung	– PSi	Lokreibungslast	– Mp
Kesselüberdruck	6 kp/cm^2	Lokdienstlast	23,3 Mp

Erstes Baujahr: 1851

Tender: 2 T 4,2, später 2 T 5,0

Mit dieser Gattung, bestehend aus vier Lokomotiven, kehrte man versuchsweise zum kurzen Kessel und zur Meyerschen Expansionssteuerung zurück. Geblieben ist die innere Lage des Gabelrahmens und der Schieberkästen und das gesamte Steuerungstriebwerk. Der durchhängende Stehkessel wurde durch die hintere Laufachse voll unterstützt. Man versuchte weiterhin, durch Erhöhung der Rohranzahl die Heizfläche zu vergrößern. Die Leistung wurde trotzdem nicht verbessert, weshalb jeweils zwei Stück in C 1 und B 1 umgebaut wurden. Zwischen 1874 und 1888 wurden sie ausgemustert.

Betriebsnummern: –

Schnellzuglokomotive

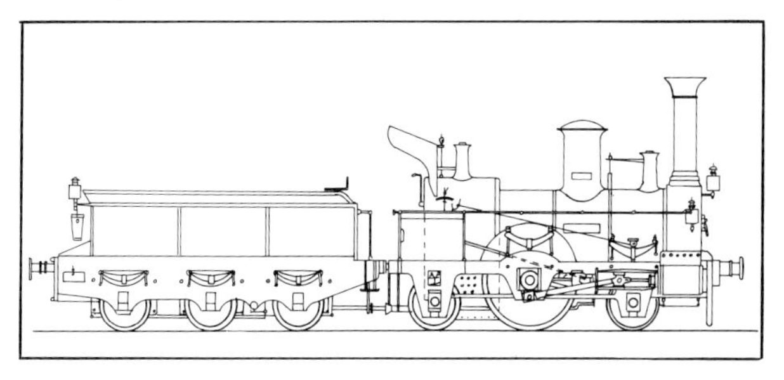

Gattung A IV bayer.

Bauart	1A1n2	Rostfläche	1,21 m²
Treib- und Kuppelrad-∅	1676 mm	Verdampfungsheizfläche	73,2 m²
Laufrad-∅ vorn	915 mm	Überhitzerheizfläche	– m²
Laufrad-∅ hinten	915 mm	Zylinder-∅	381 mm
Länge über Puffer	12459 mm	Kolbenhub	559 mm
Höchstgeschwindigkeit	70 km/h	Achslast max.	11,5 Mp
Leistung	– PSi	Lokreibungslast	11,5 Mp
Kesselüberdruck	7 kp/cm²	Lokdienstlast	27,9 Mp

Erstes Baujahr: 1852

Tender: 3 T 5

Zur Einführung der Süd-Nord-Bahn und der Nachtfahrten wurde die Gattung IV, die erste bayerische Schnellzuglokomotive mit acht Lokomotiven, von Maffei gebaut. Sie bekam einen Kesseldurchmesser von 1219 mm mit einer Rohrlänge von 3080 mm, um eine größere Heizfläche zu erhalten. Auch Dampfdruck und Reibungsgewicht wurden erhöht. Zur besseren Lastverteilung wurde der Stehkessel durch die hintere Laufachse unterstützt. Mit dieser Gattung wurde durch den Außenrahmen und die Außenzylinder die Ära der Bauart Hall eingeleitet, die in Süddeutschland und Österreich große Verbreitung gefunden hat. Die Gattung A IV hatte einfachen äußeren Gabelrahmen und innenliegende Meyersche Expansionssteuerung (Grund- und Expansionsschieber), außen lagen die sog. Hallschen Aufsteckkurbeln. Die Speisepumpen waren am Kreuzkopf aufgehängt. Bis zum Jahre 1883 waren alle ausgemustert, nur eine wurde in C I, später in B I umgebaut.

Betriebsnummern: –

Schnellzuglokomotive

Gattung A V[1] bayer.

Bauart	1A1n2
Treib- und Kuppelrad-Ø	1676/1830 mm
Laufrad-Ø vorn	1118/1220 mm
Laufrad-Ø hinten	1118/1220 mm
Länge über Puffer	11830/12140 mm
Höchstgeschwindigkeit	80 km/h
Leistung	– PSi
Kesselüberdruck	7 kp/cm^2
Rostfläche	1,07, 1,1 m^2
Verdampfungsheizfläche	63,7–78 m^2
Überhitzerheizfläche	– m^2
Zylinder-Ø	381 mm
Kolbenhub	559 mm
Achslast max.	9,0–10,5 Mp
Lokreibungslast	9,0–10,5 Mp
Lokdienstlast	22,0–26,0 Mp

Erstes Baujahr: 1853

Tender: 2 T 4,8

Die Gattung A V war die erste bayerische Schnellzuglokomotive, von der im Jahre 1853/54 von Maffei 24 Stück gebaut wurden. In den Abmessungen und Leistungen entsprachen sie denen der Gattung A IV. Verbessert wurden die Zugänglichkeit von außenliegendem Steuerungsantrieb, Außenzylinder und Außenrahmen. Der Kessel wurde tiefer gelegt, die Feuerbüchse verbreitert. Der Rahmen war ein Füllrahmen mit Blechplatten. Der Kessel war zunächst domlos, später wurden in der Mitte oder vorne liegende Dome aufgesetzt. Die südlich der Donau eingesetzten Lokomotiven erhielten wegen der Torffeuerung Birnenkamine. Neu war die Kirchwegsche Kondensationseinrichtung mit der Zuleitung des Abdampfs zum Tender; sie wurde später wieder entfernt. Bei dieser Gattung gab es unterschiedliche Maße. Die Ausmusterung begann schon im Jahre 1884, die letzte, die „Kufstein", wurde 1899 verschrottet.

Betriebsnummern: –

Personenzuglokomotive bzw. für gemischten Betrieb

Gattung B I bayer.

Bauart	1Bn2	Rostfläche	0,86/0,93 m²
Treib- und Kuppelrad-Ø	1372/1400 mm	Verdampfungsheizfläche	79,9/74,5 m²
Laufrad-Ø vorn	915 mm	Überhitzerheizfläche	– m²
Laufrad-Ø hinten	– mm	Zylinder-Ø	381 mm
Länge über Puffer	12585/13670 mm	Kolbenhub	610 mm
Höchstgeschwindigkeit	65 km/h	Achslast max.	8,5/8,7 Mp
Leistung	– PSi	Lokreibungslast	17,1/17,4 Mp
Kesselüberdruck	6, 7, 8 kp/cm²	Lokdienstlast	24,8/26,0 Mp

Erstes Baujahr: 1847

Tender: 3 T 4,2, später 3 T 5

Die neue Gattung B I entstand analog zur Gattung A II, jedoch als Zweikuppler; durch kleinere Treibraddurchmesser hatte sie höhere Zugkraft. Die Kesselausführung entsprach der Stephensonschen Longboiler-Art mit Vierseit-Stehkessel. Innerer Gabelrahmen, Stephenson-Innensteuerung mit Außenzylindern. Die Feuerbüchse hing hinter der zweiten Kuppelachse über. Die Kuppelstangen nach amerikanischem Vorbild (Norries) bestanden aus zwei Rundstäben, was sehr zierlich und schwächlich aussah. Später erhielten die meisten Lokomotiven den Crampton-Kessel und hatten danach keine Ähnlichkeit mehr mit der Ursprungsausführung. Ausgemustert wurden sie ab 1875, die letzte schied 1896 aus dem Dienst.

Betriebsnummern: –

Personenzuglokomotive

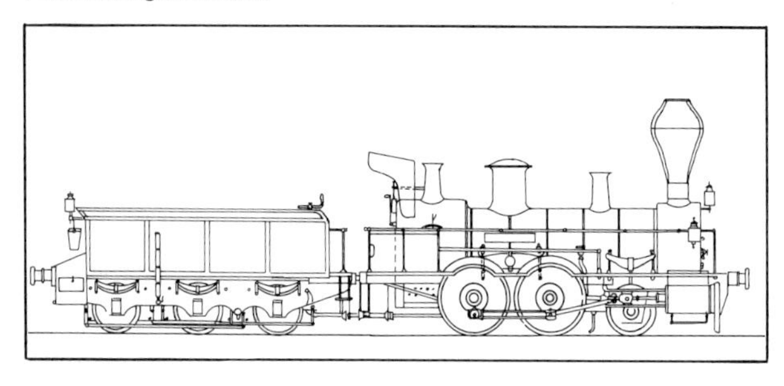

Gattung B II bayer.

Bauart	1Bn2	Rostfläche	1,, m^2
Treib- und Kuppelrad-⌀	1372 mm	Verdampfungsheizfläche	79,9 m^2
Laufrad-⌀ vorn	915 mm	Überhitzerheizfläche	– m^2
Laufrad-⌀ hinten	– mm	Zylinder-⌀	381 mm
Länge über Puffer	13730 mm	Kolbenhub	610 mm
Höchstgeschwindigkeit	65 km/h	Achslast max.	10,6 Mp
Leistung	– PSi	Lokreibungslast	21,3 Mp
Kesselüberdruck	7 kp/cm^2	Lokdienstlast	28,7 Mp

Erstes Baujahr: 1851

Tender: 3 T 5

Mit der Gattung A III wurde gleichzeitig die Gattung B II beschafft, aber in wesentlich größeren Stückzahlen; bei 14 Lokomotiven waren allerdings die Baumerkmale gleich. Wie bei der B I-Lieferung waren die drei Achsen zwischen den Zylindern und dem Stehkessel untergebracht, unter Beibehaltung des Stephenson-Langkessels. Die Mängel der A III waren bei dieser Gattung vermindert. Durch die geringe Geschwindigkeit wirkten sich die vorn und hinten überhängenden Massen auf die Laufruhe der Lokomotive nicht so stark aus. Bis zum Jahre 1879 waren alle Lokomotiven ausgemustert.

Betriebsnummern: –

Personenzuglokomotive bzw. für gemischten Betrieb

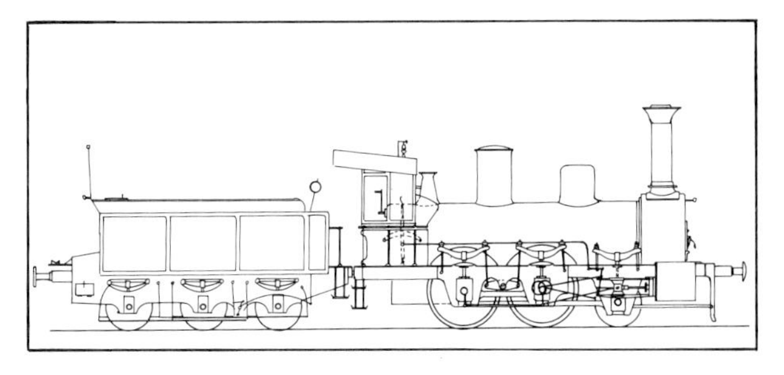

Gattung B III bayer.

Bauart	1Bn2	Rostfläche	1,24 m²
Treib- und Kuppelrad-∅	1448–1470 mm	Verdampfungsheizfläche	101,1 m²
		Überhitzerheizfläche	– m²
Laufrad-∅ vorn	915 mm	Zylinder-∅	406 mm
Laufrad-∅ hinten	– mm	Kolbenhub	610 mm
Länge über Puffer	13905–14045 mm	Achslast max.	10,4–11,6 Mp
		Lokreibungslast	20,9–23,3 Mp
Höchstgeschwindigkeit	70 km/h	Lokdienstlast	30,1–33,2 Mp
Leistung	– PSi		
Kesselüberdruck	7, 8, 10 kp/cm²		

Erstes Baujahr: 1852

Tender: 3 T 5

Die Gattung III wurde 1852 in acht Lokomotiven von Maffei und 1854/55 in zehn Exemplaren in Hartmannscher Ausführung geliefert. Die Maffeische Lieferung entsprach in ihrer Ausführung denen der gleichzeitig gelieferten Gattung A IV, jedoch fiel der erstmals angewandte Federausgleich zwischen den Gehängen von zwei benachbarten Kuppelachs-Tragfedern auf. Die domlose Hartmannsche Ausführung fiel in eine Periode, als Maffei schon die fortgeschrittene B V lieferte. Sie erhielten einen etwa der Gattung B III entsprechenden Rahmen, der Crampton-Kessel hatte glatt durchlaufende Büchsdecke, ähnlich der zweiten B V-Lieferung. Ferner war die Kirchwegsche Kondensation vorhanden. Später erhielten die Hartmannschen Lokomotiven teils auf dem vorderen, teils auf dem hinteren Kesselschuß Dome aufgesetzt. Die letzten Lokomotiven wurden 1897 ausgemustert.

Betriebsnummern: –

Personenzuglokomotive bzw. für gemischten Betrieb

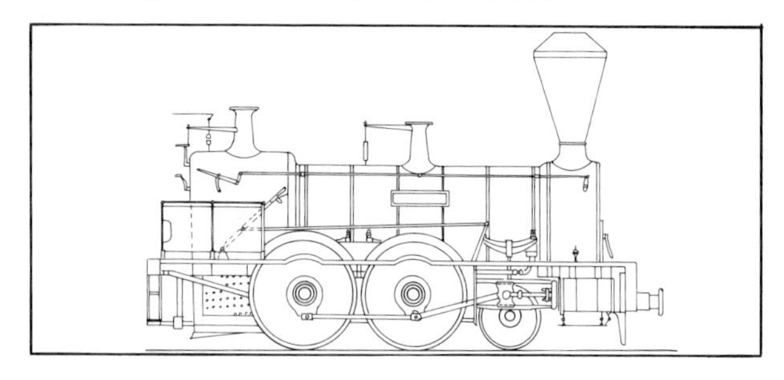

Gattung B IV bayer.

Bauart	1Bn2	Rostfläche	1,3 m^2
Treib- und Kuppelrad-ø	1524 mm	Verdampfungsheizfläche	90,8–101,2 m^2
Laufrad-ø vorn	915 mm	Überhitzerheizfläche	– m^2
Laufrad-ø hinten	– mm	Zylinder-ø	406 mm
Länge über Puffer	13639 mm	Kolbenhub	610 mm
Höchstgeschwindigkeit	70 km/h	Achslast max.	10,3 Mp
Leistung	– PSi	Lokreibungslast	20,5 Mp
Kesselüberdruck	7 kp/cm^2	Lokdienstlast	28,0 Mp

Erstes Baujahr: 1852

Tender: 3 T 5

Von dieser Gattung lieferte Keßler, Esslingen, im Jahre 1852/53 sechs Stück und Hartmann 1852 vier Lokomotiven. Die Lieferungen wichen von der normalen Entwicklungszeit ab, es wurde ein Versuch mit dem Keßlerschen Patentkessel mit birnenförmigem Querschnitt gemacht. Diese Kesselbauform paßte sich bei Innenrahmen besser den Raumverhältnissen an, man konnte den Kessel tiefer zwischen die Räder legen. Verwendet wurde die Meyersche Expansionssteuerung mit Außenzylindern. Die Hartmannsche Lieferung war im Prinzip der Keßlerschen gleich, nur die Verbindung von Unter- und Oberkessel war anders ausgeführt. Nach zwei Kesselexplosionen wurde die gesamte Serie mit Normalkesseln ausgerüstet. Der Dom kam in die Mitte, der überhängende Stehkessel war mit glatter Feuerbüchsdecke ausgebildet, darauf befanden sich die Sicherheitsventile. Die langhubigen Fahrpumpen wurden von den Kreuzköpfen angetrieben. Die letzten B IV wurden im Jahre 1881 ausgemustert.

Betriebsnummern: –

Personenzuglokomotive

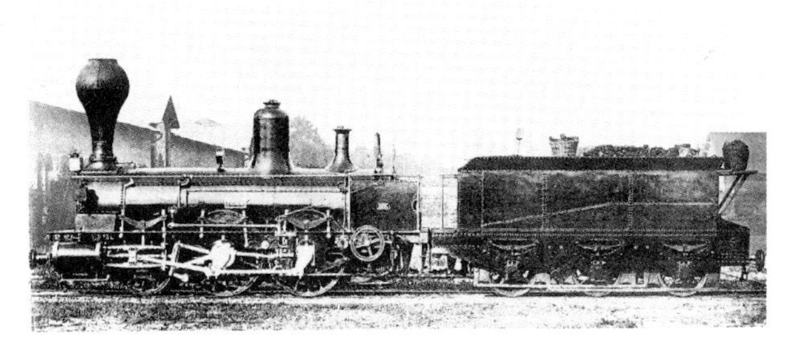

Gattung B V bayer.

Bauart	1Bn2	Rostfläche	1,19–1,31 m²
Treib- und Kuppelrad-Ø	1448–1470 mm	Verdampfungsheizfläche	86,9–90,2 m²
Laufrad-Ø vorn	1150 mm	Überhitzerheizfläche	– m²
Laufrad-Ø hinten	– mm	Zylinder-Ø	406 mm
Länge über Puffer	13609–13910 mm	Kolbenhub	610 mm
Höchstgeschwindigkeit	70 km/h	Achslast max.	10,2 Mp
Leistung	– PSi	Lokreibungslast	20,5 Mp
Kesselüberdruck	8, 10 kp/cm²	Lokdienstlast	30,0 Mp

Erstes Baujahr: 1853

Tender: 3 T 6,5/3 T 7

Mit der B V begann eine Periode gewisser Stabilität in der bayerischen Lokomotivgeschichte. Von 1853 bis 1862 wurden von dieser Gattung 101 Lokomotiven geliefert. Die erste Serie mit 14 Lokomotiven entsprach der Gattung A V mit der leicht überhöhten Feuerbüchsdecke und dem domlosen Kessel. Die zweite Lieferung mit 15 Stück hatte den domlosen glatten Crampton-Kessel. Mit dieser Reihe trat das Maffeische Merkmal, das bis zur B IX galt, erstmals auf, nämlich den Kessel schräg von vorn nach hinten auf die Mittellinie zu legen, was 50 bis 65 mm ausmachte. Später erhielten die beiden ersten Serien einen Dampfdom, die dritte bekam den Dom auf dem hinteren Kesselschuß, und bei der vierten Serie war der Dom vorne. Die ersten B V sind im Jahre 1893, die letzten 1925 aus dem Betriebsdienst ausgeschieden. Die „Nordgau" ist heute im Besitz des Verkehrsmuseums in Nürnberg.

Betriebsnummern: –

Personenzuglokomotive

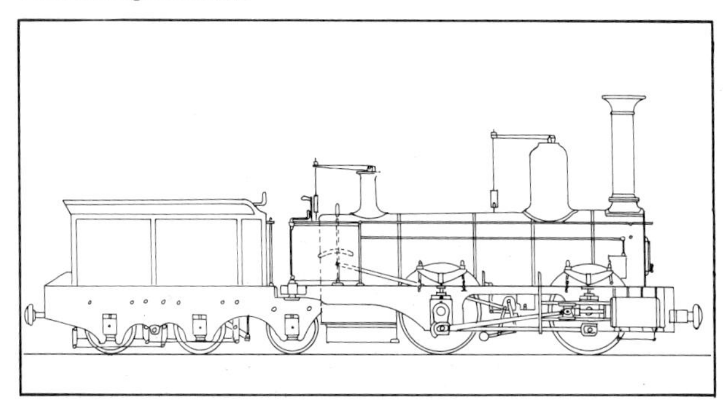

Gattung B V bayer. („Phönix") Stütztenderbauart

Bauart	B3'n2	Rostfläche	1,25 m^2
Treib- und Kuppelrad-Ø	1448 mm	Verdampfungsheizfläche	100 m^2
Laufrad-Ø vorn	– mm	Überhitzerheizfläche	– m^2
Laufrad-Ø hinten	915 mm	Zylinder-Ø	306 mm
Länge über Puffer	~(12110) mm	Kolbenhub	610 mm
Höchstgeschwindigkeit	70 km/h	Achslast max.	10,5 Mp
Leistung	– PSi	Lokreibungslast	~21 Mp
Kesselüberdruck	7,5 kp/cm^2	Lokdienstlast	~45 Mp

Erstes Baujahr: 1857

Tender: T 5,66

Die Stütztenderlokomotive „Phönix" Nr. 187 hatte, obgleich zur Gattung B V gehörig, eine völlig andere Bauart. Auf dem breiten Tenderrahmen, der weit um die vorgeschobene Stützachse ging, setzte der Maschinenrahmen der Lokomotive auf. Die Stützachse war durch ein Kuppelfederpaar belastet, das sich nach oben gegen das hintere Ende der Lokomotive stützte. Durch diese Konstruktion hatte die Lokomotive schlechte Laufeigenschaften; die übertragenen Bewegungen sowie die mangelnde Verwindbarkeit führten bald zu einem Kesselschaden. Die „Phönix" erhielt als erste Lokomotive Lagerhalskurbeln nach dem zweiten Hallschen Patent. Der Kurbelhals ging bis zur Radnabe und diente gleichzeitig als Achszapfen für das Lager. Später wurde die Lokomotive in eine normale B V umgebaut und schon im Jahre 1878 ausgemustert.

Betriebsnummern: –

Personenzuglokomotive

Gattung B VI bayer.

Bauart	1Bn2	Rostfläche	1,24 m²
Treib- und Kuppelrad-Ø	1600–1620 mm	Verdampfungsheizfläche	90,2–91,4 m²
Laufrad-Ø vorn	1118–1150 mm	Überhitzerheizfläche	– m²
Laufrad-Ø hinten	– mm	Zylinder-Ø	406 mm
Länge über Puffer	13310–13800 mm	Kolbenhub	610 mm
Höchstgeschwindigkeit	75 km/h	Achslast max.	10,7–12,1 Mp
Leistung	– PSi	Lokreibungslast	21,5–24,2 Mp
Kesselüberdruck	8/10 kp/cm²	Lokdienstlast	30,0–33,5 Mp

Erstes Baujahr: 1863

Tender: 3 T 9,0–9,6

Die Gattung B VI war eine Weiterentwicklung der B V unter mäßiger Vergrößerung der Treibräder und des Achsstands und unter Wegfall der Meyerschen Expansionssteuerung. Dadurch konnten die Zylinder weiter nach vorne verlegt werden. Die Räder, die bei der Gattung A V und B V nach Sharp mit Gußnaben geschmiedet waren, wurden jetzt nach Stephenson mit Kreuzspeichen hergestellt. Die ersten Lokomotiven, 57 Stück, hatten noch 8 atü Kesseldruck, eine Fahr- und eine Dampfpumpe, einen einfachen Wetterschirm. Die weiteren Lieferungen erhielten 10 atü Kesseldruck, nur Injektoren sowie ein geschlossenes Führerhaus. Zwei Lokomotiven wurden noch 1923 umgezeichnet, aber 1923 ausgemustert.

Betriebsnummern: 34 7461–62

Personenzuglokomotive

Gattung B VII bayer.

Bauart	Bn2
Treib- und Kuppelrad-⌀	1500 mm
Laufrad-⌀ vorn	– mm
Laufrad-⌀ hinten	– mm
Länge über Puffer	13236 mm
Höchstgeschwindigkeit	70 km/h
Leistung	– PSi
Kesselüberdruck	7/10 kp/cm²
Rostfläche	1,24 m²
Verdampfungsheizfläche	101,1 – 117,8 m²
Überhitzerheizfläche	– m²
Zylinder-⌀	430 mm
Kolbenhub	610 mm
Achslast max.	13,2 Mp
Lokreibungslast	26,4 Mp
Lokdienstlast	26,4 Mp

Erstes Baujahr: 1868

Tender: 2 T 6,7

Die Gattung B VII stellt als Lokomotive in der Entwicklungsreihe bayerischer Lokomotiven wiederum eine Ausnahme dar. Sie gehörte zu den ersten der von der Fa. Krauss an die Bayerische Staatsbahn gelieferten Lokomotiven und gleicht den an die Oldenburgische Staatsbahn gelieferten der B-Bauart. Die Torftenderbauart erhielt einen Wasserkastenrahmen, genau wie der Lokomotivrahmen einen erhielt, was Krauss als Neuerung des Gesamtgewichtes einführte. Die Leistung entsprach den Lokomotiven der Reihe B VI. Sie hatten Allan-Außensteuerung mit Außenzylindern. Der Rahmen war zu leicht ausgeführt. Beim Betriebspersonal war die Lok als „Böse Sieben“ verrufen. Ab 1877 wurde sie ausgemustert.

Betriebsnummern: –

Personenzuglokomotive

Gattung B VIII bayer.

Bauart	1Bn2	Rostfläche	1,52 m^2
Treib- und Kuppelrad-Ø	1620 mm	Verdampfungsheizfläche	95,1 m^2
Laufrad-Ø vorn	1115 mm	Überhitzerheizfläche	– m^2
Laufrad-Ø hinten	– mm	Zylinder-Ø	406 mm
Länge über Puffer	13750 mm	Kolbenhub	610 mm
Höchstgeschwindigkeit	80 km/h	Achslast max.	12 Mp
Leistung	– PSi	Lokreibungslast	21,2 Mp
Kesselüberdruck	10 kp/cm^2	Lokdienstlast	33,2 Mp

Erstes Baujahr: 1872

Tender: 3 T 9

Die Gattung B VIII bildete den Übergang zur eigentlichen bayerischen Schnellzuglokomotive mit einem längeren Achsstand sowie der für eine bessere Lastverteilung vorteilhaften unterstützten Feuerbüchse. Die bayerische Eigenheit, der außenliegende Füllrahmen, wurde beibehalten. Die Exzenterkurbeln wurden jetzt durch einfache Aufsteckkurbeln ersetzt; Stephensonsche Innensteuerung mit den innenliegenden Schieberkästen. Die Rauchkammer mit den Außenzylindern ragte ausnahmsweise vor. In den Jahren 1907 bis 1911 wurde die Gattung ausgemustert.

Betriebsnummern: –

Personenzuglokomotive

Gattung B IX alt bayer. Strousberg-Type

Bauart	B1n2	Rostfläche	1,3 m²
Treib- und Kuppelrad-Ø	1412 mm	Verdampfungsheizfläche	89 m²
Laufrad-Ø vorn	– mm	Überhitzerheizfläche	– m²
Laufrad-Ø hinten	– mm	Zylinder-Ø	418 mm
Länge über Puffer	– mm	Kolbenhub	602 mm
Höchstgeschwindigkeit	60 km/h	Achslast max.	– Mp
Leistung	– PSi	Lokreibungslast	25,2 Mp
Kesselüberdruck	8,5 kp/cm²	Lokdienstlast	31,7 Mp

Erstes Baujahr: 1870

Tender: 3 T 10

Die vier im Krieg 1870/71 von Dr. Strousberg gekauften Lokomotiven wurden in die Gattung B IX eingereiht. Sie wurden allerdings 1873 an die Reichseisenbahnen Elsaß-Lothringen verkauft, dort wurden sie Gattung B 4, ab dem Jahre 1906 Gattung P 1.

Betriebsnummern: –

Schnellzuglokomotive

Baureihe 34^{74} (bayer. B IX)

Bauart	1Bn2	Rostfläche	1,7/1,5 m^2
Treib- und Kuppelrad-Ø	1870 mm	Verdampfungsheizfläche	88,5/91,0 m^2
Laufrad-Ø vorn	1170 mm	Überhitzerheizfläche	– m^2
Laufrad-Ø hinten	– mm	Zylinder-Ø	406 mm
Länge über Puffer	13960–14050 mm	Kolbenhub	610 mm
Höchstgeschwindigkeit	90 km/h	Achslast max.	11,0 Mp
Leistung	– PSi	Lokreibungslast	22,0 Mp
Kesselüberdruck	10 kp/cm^2	Lokdienstlast	33,6 Mp

Erstes Baujahr: 1874

Tender: 3 T 10,5

Die Gattung B IX erhielt erstmals den klassischen Schnellzug-Raddurchmesser von 1870 mm, der lange Zeit maßgebend war. Die hintere Treibachse wurde unter das hintere Ende des unten eingezogenen Stehkessels gelegt, die beiden Zylinder waren dicht an die Laufachse herangerückt. Dadurch waren keine überhängenden Massen vorhanden, und die Geschwindigkeit konnte auf 90 km/h erhöht werden. Auf ebener Strecke leistete die Lok 150 t mit 70 km/h. Mit dem Außenrahmen und der innenliegenden Stephenson-Steuerung entsprach die Gattung B IX ihren Vorgängertypen. Anfang der siebziger Jahre erhielten die Lokomotiven die selbsttätige Schnellbremse nach Heberlein. Mit der Umnumerierung 1923 erhielten die Lokomotiven noch die Reichsbahn-Nummern 34 7421–40. Ausgemustert wurden alle B IX im Jahre 1924. Im Deutschen Museum in München ist die Nr. 1000 als Schnittdarstellung erhalten geblieben.

Betriebsnummern: 34 7421–40

Schnellzuglokomotive

Baureihe 34^{75} (bayer. B X)

Bauart	1'Bn2v	Rostfläche	1,95 m²
Treib- und Kuppelrad-Ø	1870 mm	Verdampfungsheizfläche	99 und 100,7 m²
Laufrad-Ø vorn	1170 mm	Überhitzerheizfläche	– m²
Laufrad-Ø hinten	– mm	Zylinder-Ø	430/610 mm
Länge über Puffer	14482 mm	Kolbenhub	610 mm
Höchstgeschwindigkeit	90 km/h	Achslast max.	14,4–14,9 Mp
Leistung	– PSi	Lokreibungslast	28,8–29,8 Mp
Kesselüberdruck	12 kp/cm²	Lokdienstlast	43,0–44,2 Mp

Erstes Baujahr: 1890

Tender: 3 T 12

Im Jahre 1885 setzte nach dem „Wiener Krach" wieder ein Aufschwung in Wirtschaft und Verkehr ein. Der Personenverkehr blühte. Man verlangte nach höheren Geschwindigkeiten, was für die Bayerische Staatsbahn eine neue Gattung bedeutete: Es kam die B X. Mit dieser Gattung wurde eine neue Entwicklungsstufe eingeleitet. Wenn auch die 1B-Ausführung beibehalten wurde, so kamen jetzt Innenrahmen, Verbundausführung, durchgehende Druckluftbremse Bauart Westinghouse, Zurückverlegung der Zylinder hinter die Laufachse, um überhängende Massen zu vermeiden. Die Dampfeinströmrohre liefen vom Dom in einem Wulst um den Kessel. Zwei Lokomotiven erhielten Zwillingsanordnung, waren jedoch der Verbundausführung unterlegen und wurden dann in Verbund umgebaut. Bei der Umnumerierung 1923 erhielten fast alle DR-Nummern, wurden dann aber 1923/24 ausgemustert.

Betriebsnummern: 34 7501–13

Schnellzuglokomotive

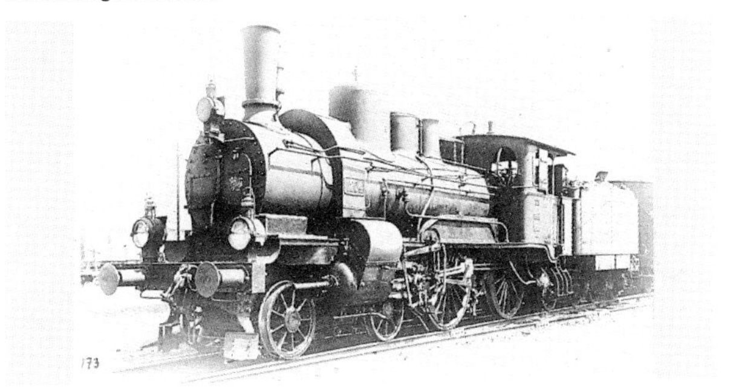

Baureihe 36^7 (bayer. B XI)

Bauart	2'Bn2
Treib- und Kuppelrad-Ø	1860/1870 mm
Laufrad-Ø vorn	996/1006 mm
Laufrad-Ø hinten	– mm
Länge über Puffer	16830–16950 mm
Höchstgeschwindigkeit	90 km/h
Leistung	– PSi
Kesselüberdruck	12/13 kp/cm^2
Rostfläche	2,24/2,26 m^2
Verdampfungsheizfläche	116,2/116,8 m^2
Überhitzerheizfläche	– m^2
Zylinder-Ø	430,455/670 mm
Kolbenhub	610 mm
Achslast max.	14,3/14,4–14,8 Mp
Lokreibungslast	28,5/28,8–29,6 Mp
Lokdienstlast	50,4/51,0–51,5 Mp

Erstes Baujahr: 1892

Tender: 3 T 12,3/13,8/14,5; 2'2' T 18

Mit der Gattung B X war die Grenze der Leistungsfähigkeit erreicht, die mit der Achsfolge 1B bei den zulässigen Achsdrücken zu erlangen war. Bei der neuen Gattung B XI wurde deshalb eine vierachsige Anordnung mit dem führenden verschiebbaren Drehgestell gewählt, um Raum für einen größeren Kessel zu schaffen. Man baute zuerst 39 Zwillingslokomotiven mit einem Kesseldruck von 12 atü, kurz darauf folgte mit insgesamt 110 Lokomotiven die Verbundausführung mit einem Kesseldruck von 13 atü. Die Zwillingsbauart erreichte mit einem Zug von 200 t in der Ebene 75 km/h, bei 5‰ Steigung noch 50 km/h, die Verbundbauart in der Ebene bei einem 270-t-Zug noch 75 km/h und bei 5‰ Steigung mit 260 t 50 km/h. Die Zwillingslokomotiven wurden zwischen 1921 und 1926, die Verbundlokomotiven von 1925 bis 1931 ausgemustert.

Betriebsnummern: 36 701–8

Güterzuglokomotive

Baureihe 55[71] (bayer. BB I)

Bauart	B'Bn4v	Rostfläche	2,07 m²
Treib- und Kuppelrad-⌀	1340 mm	Verdampfungsheizfläche	123 m²
Laufrad-⌀ vorn	– mm	Überhitzerheizfläche	– m²
Laufrad-⌀ hinten	– mm	Zylinder-⌀	2×415, 2×635 mm
Länge über Puffer	16991–17894 mm	Kolbenhub	630 mm
Höchstgeschwindigkeit	45/65 km/h	Achslast max.	14,2 Mp
Leistung	– PSi	Lokreibungslast	55,6 Mp
Kesselüberdruck	14 kp/cm²	Lokdienstlast	55,6 Mp

Erstes Baujahr: 1896

Tender: 3 T 13,8, später 2'2 T 18

Für den Schiebedienst auf den nordbayerischen Steilrampen wurde diese Mallet-Bauart gebaut. Man erhoffte sich durch diese Konstruktion eine geringere Abnutzung der Radreifen und Schienen. Gleiche Versuche führte die Pfalzbahn mit der G 4[II] durch. Die Niederdruckzylinder lagen vorne, die Hochdruckzylinder in der Mitte, die Rauchkammer war abgeschrägt. Die Lokomotive erfüllte nicht die in sie gesetzten Erwartungen, denn sie lief unruhig und neigte zum Schleudern. Sie wurde 1923 ausgemustert. Sie ist heute aufgeschnitten im Verkehrsmuseum Nürnberg zu sehen.

Betriebsnummern: 55 7101

Güterzuglokomotive

Gattung C I[1] bayer.

Bauart	Cn2	Rostfläche	0,91 m^2
Treib- und Kuppelrad-Ø	1068/1096 mm	Verdampfungsheizfläche	61,0–68,91 m^2
Laufrad-Ø vorn	– mm	Überhitzerheizfläche	– m^2
Laufrad-Ø hinten	– mm	Zylinder-Ø	406 mm
Länge über Puffer	12400 mm	Kolbenhub	610 mm
Höchstgeschwindigkeit	40 km/h	Achslast max.	10,5 Mp
Leistung	– PSi	Lokreibungslast	26,4 Mp
Kesselüberdruck	6 kp/cm^2	Lokdienstlast	26,4 Mp

Erstes Baujahr: 1847

Tender: 2 T 4,2

Die erste dreifach gekuppelte Güterzuglokomotive der Gattung wurde überwiegend auf der sogenannten Schiefen Ebene (1:40) Neuenmarkt-Wirsberg – Marktschorgast als Vorspann, als Remorqueur (Schlepper), eingesetzt. Diese Gattung wurde gleichzeitig mit der Gattung A II und B I abgeliefert und hatte deren Baugrundsätze: domlosen Langkessel, Innenrahmen, innenliegende Stephensonsche Steuerung und mit einseitig aufgehängten Taschenkulissen. Der Stehkessel war tief überhängend mit Vierseitkuppel. Zur Erhöhung der Reibung setzte man einen rechteckigen Ballastkasten auf den Langkessel, der im Bedarfsfall mit Wasser oder Sand gefüllt wurde. Er wurde später entfernt. Nach dem Erscheinen der C II-Gattung wurden die Lokomotiven im Rangierdienst eingesetzt. In diese Gattung kamen noch vier Stück A I, sechs A II, zwei A III und eine A IV, die umgebaut wurden.

Betriebsnummern: –

Güterzuglokomotive

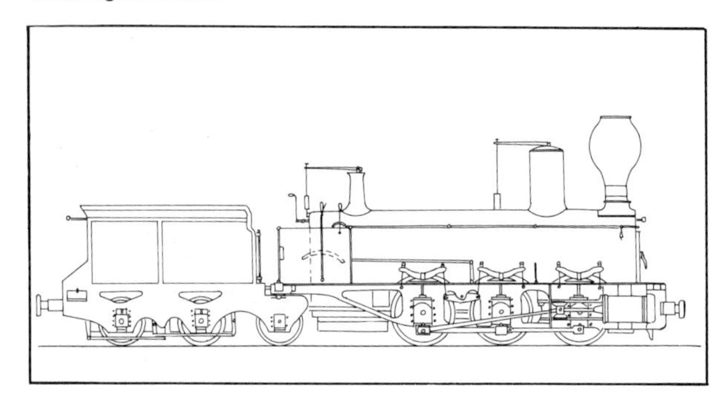

Gattung C II[1] bayer. Stütztenderbauart

Bauart	C3n2 Achilles C2n2 Hercules	Rostfläche	1,4 m^2
		Verdampfungsheizfläche	113,1 m^2
Treib- und Kuppelrad-∅	1253 mm	Überhitzerheizfläche	– m^2
Laufrad-∅ vorn	– mm	Zylinder-∅	457 mm
Laufrad-∅ hinten	– mm	Kolbenhub	660 mm
Länge über Puffer	12369 mm	Achslast max.	11,4 Mp
Höchstgeschwindigkeit	45 km/h	Lokreibungslast	34,2 Mp
Leistung	– PSi	Lokdienstlast	50 Mp
Kesselüberdruck	8 kp/cm^2		

Erstes Baujahr: 1857/58

Tender: Wasserinhalt 9,3 m^3

Versuchsweise wurden zunächst fünf Lokomotiven als Stütztenderbauart mit vergrößerten Zylinderabmessungen nach dem Vorbild der Semmering-Lokomotiven von Engerth gebaut. Man wollte hinter die immer länger und schwerer werdenden Kessel keine Achsen mehr legen. Daher stützte man das hintere Ende des Kessels auf den Tender, der einen um den Stehkessel greifenden Rahmen hatte. Die Lokomotiven hatten Ähnlichkeit mit der B V-Stütztenderlok mit dem Außenrahmen. Wegen des unruhigen Laufs wurden die Lokomotiven in 1 B umgebaut. Später, im Jahre 1870, wurden sie bei einer Kesselerneuerung in C-Loks mit Schlepptender umgebaut. Der überhängende Stehkessel wurde dabei windschief eingepolstert und zwischen die Räder eingeschoben, was eine gleichmäßige Achsbelastung ergab.

Betriebsnummern: –

Güterzuglokomotive

Gattung C II² bayer.

Bauart	Cn2	Rostfläche	1,35 m²
Treib- und Kuppelrad-Ø	1253 mm	Verdampfungsheizfläche	113,1 m²
Laufrad-Ø vorn	– mm	Überhitzerheizfläche	– m²
Laufrad-Ø hinten	– mm	Zylinder-Ø	457 mm
Länge über Puffer	13500 mm	Kolbenhub	660 mm
Höchstgeschwindigkeit	45 km/h	Achslast max.	12,45 Mp
Leistung	– PSi	Lokreibungslast	34,25 Mp
Kesselüberdruck	8/10 kp/cm²	Lokdienstlast	34,25 Mp

Erstes Baujahr: 1861

Tender: 3 T 9,25

Durch den starken Aufschwung des Güterverkehrs wurde um das Jahr 1860 die Forderung nach einer starken Bauart laut. Die neue Gattung erhielt gegenüber C I einen größeren Kessel und war damals die stärkste Güterzuglokomotive. Der Außenrahmen war als Füllrahmen ausgeführt. Der große, glatt in den Langkessel übergehende Stehkessel hatte vorn eine Einschnürung, um hinten zwischen der Hinterachse untergebracht werden zu können. Die Außenzylinder saßen waagerecht, die Innensteuerung war Bauart Stephenson, die Lagerhalskurbeln hatten Hallsche Bauart. Sehr lang waren die Treibstangen. Die Loks erhielten anstelle des Wetterschirmes ein Führerhaus und die gleichen Verbesserungen wie die parallel gebaute Gattung B VI. Die Ausmusterung begann 1891 und endete Mitte der zwanziger Jahre. Einige Loks gingen auch als Reparationsleistungen ab.

Betriebsnummern: –

Güterzuglokomotive

Baureihe 53^{78} (bayer. C III)

Bauart	Cn2	Rostfläche	1,59 – 1,84 m²
Treib- und Kuppelrad-∅	1253/1274 mm	Verdampfungsheizfläche	112,8 – 119,1 m²
Laufrad-∅ vorn	– mm	Überhitzerheizfläche	– m²
Laufrad-∅ hinten	– mm	Zylinder-∅	486 – 508 mm
Länge über Puffer	14115 – 14300 mm	Kolbenhub	660 mm
Höchstgeschwindigkeit	45 km/h	Achslast max.	12,0 – 14,0 Mp
Leistung	– PSi	Lokreibungslast	34,5 – 38,0 Mp
Kesselüberdruck	10 kp/cm²	Lokdienstlast	34,5 – 38,0 Mp

Erstes Baujahr: 1868

Tender: 3 T 8,95/3 T 10,5

Die Gattung C III stellt eine Weiterentwicklung der C II dar, die in einer großen Stückzahl (179) gebaut wurde. Sie unterschied sich von dieser dadurch, daß die mittlere Treibachse angetrieben wurde. Die Zylinder waren schwach geneigt, die Kolbenstange ging nach vorne durch; innenliegende Allan-Steuerung. Ab der dritten Serie ab 1876 wurde der Kesseldurchmesser um 30 mm vergrößert, sie hatte einen verlängerten Rost und kürzere Siederohre. Der Dampfdom kam auf den mittleren Kesselschuß, der Sandkasten wurde von der Plattform vor dem Radkasten nach vorne auf den Kessel versetzt. Einzelne C III wurden ab 1904 ausgemustert, von 1920 bis 1925 verschwanden alle C III. Neun Lokomotiven wurden 1919 als Reparationsleistungen an Belgien abgegeben.

Betriebsnummern: 53 7871 – 7990

Güterzuglokomotive

Baureihe 53^{78} (bayer. C III) Sigl

Bauart	Cn2	Rostfläche	1,65 m^2
Treib- und Kuppelrad-Ø	1196/1274 mm	Verdampfungsheizfläche	114,8/115,3 m^2
Laufrad-Ø vorn	– mm	Überhitzerheizfläche	– m^2
Laufrad-Ø hinten	– mm	Zylinder-Ø	460 mm
Länge über Puffer	14890 mm	Kolbenhub	632 mm
Höchstgeschwindigkeit	45 km/h	Achslast max.	11,4/13,2 Mp
Leistung	– PSi	Lokreibungslast	34,2/39,6 Mp
Kesselüberdruck	8,5/10 kp/cm^2	Lokdienstlast	34,2/39,6 Mp

Erstes Baujahr: 1872

Tender: 3 T 12

Die Lokomotivbaufirmen Bayerns konnten den Bedarf an Güterzugloks nicht schnell genug decken. Gleichzeitig bot sich die Gelegenheit, 14 Lokomotiven von der Fa. Sigl zu erwerben, die für die ungarische Bahn bestimmt waren. Die Lokomotiven hatten Außenrahmen und Innensteuerung; der Dampfdom befand sich auf dem vorderen Kesselschuß. Später erhielten die Lokomotiven Ersatzkessel. Sie unterschieden sich danach nicht mehr von den anderen Lieferungen. Ausgemustert wurden die Lokomotiven Mitte der zwanziger Jahre.

Betriebsnummern: 53 7831–33

Schnellzuglokomotive

Baureihe 17^3 (bayer. C V)

Bauart	2'Cn4v	Rostfläche	2,5/2,65 m^2
Treib- und Kuppelrad-Ø	1640/1870 mm	Verdampfungsheizfläche	128,3/153,0 m^2
Laufrad-Ø vorn	850/950 mm	Überhitzerheizfläche	– m^2
Laufrad-Ø hinten	– mm	Zylinder-Ø	2×380/2×610 mm 2×360/2×610 mm
Länge über Puffer	18102/18840 mm	Kolbenhub	660/640 mm
Höchstgeschwindigkeit	80/90 km/h	Achslast max.	13,7/15,4 Mp
Leistung	– PSi	Lokreibungslast	40,4/46,2 Mp
Kesselüberdruck	13/14 kp/cm^2	Lokdienstlast	56,6/66,2 Mp

Erstes Baujahr: 1896

Tender: 2'2' T 18/2'2' T 21

Der stark zunehmende Reiseverkehr verlangte um die Jahrhundertwende nach einer schweren Dreikuppler-Lokomotive, da die B XI zu schwach waren. Die Bayerische Staatsbahn kaufte eine der auf der Landesausstellung 1896 ausgestellte Schnellzuglokomotive der Fa. Maffei und beschloß, diese Bauart in verstärkter Ausführung weiter zu beschaffen. Es war die erste bayerische Vierzylinder-Lokomotive in Bayern nach der Bauart de Glehn mit Zweiachsantrieb, wobei die vorn innen liegenden Hochdruckzylinder die zweite Kuppelachse antrieben. Im Jahre 1923 wurden einige Lokomotiven in DR-Numerierung 17^3 eingestuft. Die Ausmusterung begann 1925 und endete 1930. 17 Lokomotiven gingen 1919 als Reparationsleistung an die ETAT in Frankreich.

Betriebsnummern: 17 301–326

Güterzugtenderlokomotive

Baureihe 88^{70} (bayer. D I)

Bauart	Bn2	Rostfläche	0,74 m^2
Treib- und Kuppelrad-∅	990/1006 mm	Verdampfungsheizfläche	44,9/47,3 m^2
Laufrad-∅ vorn	– mm	Überhitzerheizfläche	– m^2
Laufrad-∅ hinten	– mm	Zylinder-∅	280 mm
Länge über Puffer	7100 mm	Kolbenhub	508 mm
Höchstgeschwindigkeit	45 km/h	Achslast max.	9,6/10,0/11,8 Mp
Leistung	– PSi	Lokreibungslast	19,2/20,0/23,6 Mp
Kesselüberdruck	10 kp/cm^2	Lokdienstlast	19,3/20,0/23,6 Mp

Erstes Baujahr: 1871

In Bayern gab es bis Anfang der 1870er Jahre keine Tenderlokomotiven. Rangierdienste wurden von Schlepptenderlokomotiven ausgeführt. Erst mit dem Ausbau des Vizinal- und Lokalbahnnetzes wurden Tenderloks beschafft. Die erste Gattung D I wurde in drei Serien mit 15 Stück beschafft. Die Lokomotiven erhielten einen Innenrahmen mit eingehängtem Wasserkasten. Die Rauchkammer war sehr kurz und hatte einen hohen Schornstein, die Zylinder mit außenliegender Stephenson-Steuerung lagen waagerecht. Eine Rückwand bekam das Führerhaus erst später. Die Kohlevorräte waren rechts und links neben dem Stehkessel untergebracht. Der Treib- und Kuppelraddurchmesser von 1006 mm blieb in Bayern jahrelang ein Standardmaß. In der Umnumerierung 1923 waren noch sieben Lokomotiven vorgesehen, aber alle wurden im Jahre 1923 ausgemustert.

Betriebsnummern: 88 7011–17

Güterzugtenderlokomotive

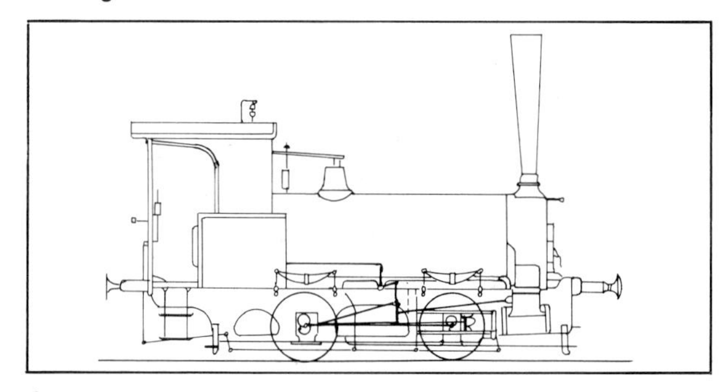

Gattung D II alt bayer.

Bauart	Bn2	Rostfläche	0,5 m²
Treib- und Kuppelrad-∅	820 mm	Verdampfungsheizfläche	31,0 m²
Laufrad-∅ vorn	– mm	Überhitzerheizfläche	– m²
Laufrad-∅ hinten	– mm	Zylinder-∅	225 mm
Länge über Puffer	5820 mm	Kolbenhub	460 mm
Höchstgeschwindigkeit	30 km/h	Achslast max.	7,4 Mp
Leistung	– PSi	Lokreibungslast	14,8 Mp
Kesselüberdruck	10 kp/cm²	Lokdienstlast	14,8 Mp

Erstes Baujahr: 1873

Die vier Lokomotiven der Gattung D II wurden zwischen der 1. und 2. Serie der Gattung D I gebaut. Sie waren kleiner und leichter als die Gattung D I. Sie besaßen einen Wasserkastenrahmen. Auch der Durchmesser der Treibachsen war sehr klein. Das Führerhaus hatte nur eine geschlossene Stirnfront. Rechts und links vom Stehkessel befanden sich zwei kleine Vorratsbehälter. Die Lokomotiven wurden schon sehr bald ausgemustert, in den Jahren 1891/94.

Betriebsnummern: –

Güterzugtenderlokomotive

Gattung D III bayer.

Bauart	Bn2	Rostfläche	0,93 m^2
Treib- und Kuppelrad-Ø	985 mm	Verdampfungsheizfläche	57,9 m^2
Laufrad-Ø vorn	– mm	Überhitzerheizfläche	– m^2
Laufrad-Ø hinten	– mm	Zylinder-Ø	290 mm
Länge über Puffer	7550 mm	Kolbenhub	540 mm
Höchstgeschwindigkeit	45 km/h	Achslast max.	12,0 Mp
Leistung	– PSi	Lokreibungslast	24,0 Mp
Kesselüberdruck	10 kp/cm^2	Lokdienstlast	24,0 Mp

Erstes Baujahr: 1873

Im gleichen Jahr wie die Gattung D II wurden sechs Lokomotiven der Gattung D III in Dienst gestellt. Sie hatten ähnliche Abmessungen wie die Gattung I. Der Kessel war dreischüssig, das Führerhaus geschlossen, die Vorratsbehälter ragten über die Treibachse nach vorne. Vorhanden war eine außenliegende Stephenson-Steuerung, der Kreuzkopf wurde zweischienig geführt. Eine Lokomotive wurde verkauft, die anderen in den Jahren 1894/97 verschrottet.

Betriebsnummern: –

Güterzuglokomotive

Baureihe 56^3 (bayer. E I)

Bauart	1'Dn2	Rostfläche	2,43 m^2
Treib- und Kuppelrad-Ø	1160/1170 mm	Verdampfungsheizfläche	159,8 m^2
		Überhitzerheizfläche	– m^2
Laufrad-Ø vorn	996/1006 mm	Zylinder-Ø	540 mm
Laufrad-Ø hinten	– mm	Kolbenhub	560 mm
Länge über Puffer	18210 mm	Achslast max.	13,8 Mp
Höchstgeschwindigkeit	50 km/h	Lokreibungslast	54,9 Mp
Leistung	– PSi	Lokdienstlast	65,5 Mp
Kesselüberdruck	12 kp/cm^2		

Erstes Baujahr: 1895

Tender: 2'2' T 18, später gegen 3 T 12,3 der B XI getauscht

Durch den Aufschwung des Wirtschaftslebens in den 1890er Jahren stieg das Güterzuggewicht stark an. Man übersprang die Achsfolge D und entwickelte gleich eine 1'D-Maschine. Von dieser Gattung gab es im Laufe der Jahre vier verschiedene Ausführungen, alle von Krauss gebaut. Die erste Serie mit zwölf Stück war Naßdampfbauart. Sie hatte vor der Laufachse liegende Zylinder mit Antrieb auf die erste Kuppelachse. Die Laufachse und die zweite Kuppelachse bildeten ein Krauss-Helmholtz-Drehgestell. Die Lok hatte außenliegende Heusinger-Steuerung mit sehr kurzen Treibstangen; diese Bauart gab es nur in Bayern. Die Bauart muß sich bewährt haben, denn es wurden keine Umbauten bekannt. Gegenüber der C IV hatte sie eine erheblich größere Rostfläche. Klein war der Kuppelraddurchmesser. Zur Umzeichnung 1923 waren sie noch vorgesehen, wurden aber Mitte der zwanziger Jahre ausgemustert.

Betriebsnummern: 56 301–9

Güterzuglokomotive

Baureihe 56^3 (bayer. E I) Bauart Sondermann

Bauart	1'Dn4v	Rostfläche	2,43 m^2
Treib- und Kuppelrad-Ø	1160/1170 mm	Verdampfungsheizfläche	160,2 m^2
Laufrad-Ø vorn	996/1006 mm	Überhitzerheizfläche	– m^2
Laufrad-Ø hinten	– mm	Zylinder-Ø	2×370, 2×710 mm
Länge über Puffer	18210 mm	Kolbenhub	560 mm
Höchstgeschwindigkeit	60 km/h	Achslast max.	14,0 Mp
Leistung	– PSi	Lokreibungslast	55,8 Mp
Kesselüberdruck	13,5 kp/cm^2	Lokdienstlast	65,6 Mp

Erstes Baujahr: 1896

Tender: 2'2' T 18 gegen 3 T 12,3 der B XI getauscht

Die zweite Ausführung der 1D-Lokomotiven mit zwei Stück war eine Vierzylinder-Verbundlokomotive der Bauart Sondermann mit ineinander geschachtelten Hoch- und Niederdruckzylindern mit gemeinsamem Doppelschieber. Die Schwingenkurbel wurde an die vierte Kuppelachse gelegt, was eine sehr lange Schwingenstange bedingte. Die Laufachse und die erste Kuppelachse bildeten ein Krauss-Helmholtz-Drehgestell. Der Vorteil dieser Tandemkonstruktion lag in der geringen Länge der Doppelzylinder, der Hochdruckzylinder-Durchmesser war auffallend klein. Die Bauart Sondermann war eine gute theoretische Leistung, für den rauhen Betriebsalltag jedoch wenig geeignet. Im Jahre 1899 wurden die beiden Lokomotiven in normale Zweizylinderloks umgebaut (540 mm Zylinderdurchmesser). Ausgemustert wurden sie Mitte der zwanziger Jahre.

Betriebsnummern: 56 310–11

Güterzuglokomotive

Baureihe 56^3 (bayer. E I)

Bauart	1'Dn2	Rostfläche	2,43 m^2
Treib- und Kuppelrad-⌀	1160/1170 mm	Verdampfungsheizfläche	160,2 m^2
		Überhitzerheizfläche	– m^2
Laufrad-⌀ vorn	996/1006 mm	Zylinder-⌀	540 mm
Laufrad-⌀ hinten	– mm	Kolbenhub	560 mm
Länge über Puffer	17200 mm	Achslast max.	13,8 Mp
Höchstgeschwindigkeit	60 km/h	Lokreibungslast	54,9 Mp
Leistung	– PSi	Lokdienstlast	65,5 Mp
Kesselüberdruck	12 kp/cm^2		

Erstes Baujahr: 1899

Tender: 2'2' T 18, später mit 3 T 12,3/13,8/14 der B XI getauscht

Im Jahre 1899 lieferte Krauss 20 Lokomotiven der endgültigen Bauform. Die letzten wurden 1901 gebaut; insgesamt wurden von dieser Gattung 48 Stück abgeliefert. Die Zylinder lagen hinter der Laufachse. Die Laufachse und die erste Kuppelachse bildeten ein Krauss-Helmholtz-Drehgestell. Treibachse wurde die dritte Kuppelachse, an der auch die Schwingenstange angelenkt war. Die Treibstange entsprach der Bauart Sondermann, was eine ungewöhnlich lange Kolbenstange bedingte. Die E I konnte ihre Höchstgeschwindigkeit von 50 km/h in der Ebene mit einem Güterzug von 820 t voll ausfahren, bei 40 km/h immerhin noch mit 1390 t. In einer Steigung mit 5‰ und 25 km/h konnte sie noch 845 t befördern.

Betriebsnummern: 56 312–53

Güterzuglokomotive

Gattung E I bayer. Bauart Vauclain

Bauart	1'Dn4v	Rostfläche	3,08 m²
Treib- und Kuppelrad-Ø	1270 mm	Verdampfungsheizfläche	177,5 m²
Laufrad-Ø vorn	914 mm	Überhitzerheizfläche	– m²
Laufrad-Ø hinten	– mm	Zylinder-Ø	2×356, 2×610 mm
Länge über Puffer	18501 mm	Kolbenhub	660 mm
Höchstgeschwindigkeit	50 km/h	Achslast max.	13,6 Mp
Leistung	– PSi	Lokreibungslast	54,4 Mp
Kesselüberdruck	14 kp/cm²	Lokdienstlast	62,6 Mp

Erstes Baujahr: 1899

Tender: 2'2' T 18,1

Im Jahre 1899 wurden zwei Lokomotiven mit 1'D-Naßdampf-Vierzylinder-Verbundtriebwerk von Baldwin in Philadelphia/USA beschafft, ebenso zwei Schnellzugloks S 2/5. Es waren die ersten Lokomotiven in Bayern bzw. in Deutschland mit Barrenrahmen. Sie hatten ein Vauclain-Triebwerk, bei dem sich Nieder- und Hochdruckzylinder außen übereinander befanden und gemeinsam auf einem Kreuzkopf arbeiteten: diese Ausführung konnte sich in Bayern nicht durchsetzen. Diese Bauart wahrte den Vorteil der doppelten Dampfdehnung. Die dämpfende Wirkung auf den Massenausgleich eines Vierzylindertriebwerkes europäischer Art war nicht gegeben. Eine Lokomotive ging 1919 an die Französische Staatsbahn, die andere wurde 1917 ausgemustert.

Betriebsnummern: –

Schnellzuglokomotive

Baureihe 14^1 (bayer. S $^2/_5$) Bauart Vauclain

Bauart	2'B1 n4v	Rostfläche	2,8 m^2
Treib- und Kuppelrad-Ø	1816 mm	Verdampfungsheizfläche	185,7 m^2
Laufrad-Ø vorn	838 mm	Überhitzerheizfläche	– m^2
Laufrad-Ø hinten	1219 mm	Zylinder-Ø	2×330, 2×559 mm
Länge über Puffer	18726 mm	Kolbenhub	660 mm
Höchstgeschwindigkeit	90 km/h	Achslast max.	16,0 Mp
Leistung	– PSi	Lokreibungslast	32,0 Mp
Kesselüberdruck	14 kp/cm^2	Lokdienstlast	63,8 Mp

Erstes Baujahr: 1901

Tender: 2'2' T 20,8

Mit der Beschaffung der amerikanischen Baldwin-Lokomotiven wollte man in Bayern die dortige Bauweise kennenlernen. Sie wurden gleichzeitig mit den Güterzuglokomotiven E I geliefert. Die Vorzüge waren der Barrenrahmen, der sich erstmals in Europa bei vielen Loks durchsetzte, und das Triebwerk der Bauart Vauclain, bei dem Hoch- und Niederdruckzylinder übereinanderlagen und einen gemeinsamen Kreuzkopf hatten. Der Hochdruckzylinder befand sich, anders als bei der Güterzuglok, über dem Niederdruckzylinder. Der Betrieb zeigte manche Mängel, die Feuerbüchse aus Flußeisen wurde durch eine aus Kupfer ersetzt. So waren die amerikanischen Lokomotiven für die damalige Zeit ein Muster für einfachen Aufbau, rationelle Bauweise, billige Ausführung, was Maffei bei späteren bayerischen Lokomotiven anwandte. Im Umzeichnungsplan von 1923 waren die Lokomotiven noch zur Umzeichnung vorgesehen, wurden aber trotzdem 1923 ausgemustert.

Betriebsnummern: 14 131–32

Schnellzuglokomotive

Baureihe 17^5 (bayer. S $^3/_5$ H)

Bauart	2'Ch4v	Rostfläche	3,23 m^2
Treib- und Kuppelrad-Ø	1870 mm	Verdampfungsheizfläche	162,5 m^2
Laufrad-Ø vorn	950 mm	Überhitzerheizfläche	34,5 m^2
Laufrad-Ø hinten	– mm	Zylinder-Ø	2×360, 2×590 mm
Länge über Puffer	19275 mm	Kolbenhub	640 mm
Höchstgeschwindigkeit	110 km/h	Achslast max.	15,8 Mp
Leistung	– PSi	Lokreibungslast	47,4 Mp
Kesselüberdruck	16 kp/cm^2	Lokdienstlast	71,9 Mp

Erstes Baujahr: 1906

Tender: 2'2' T 21/21,8

Im Jahre 1906 wurde zunächst eine Lokomotive der Gattung S $^3/_5$ H mit dem Schmidtschen Rauchröhrenüberhitzer gebaut. Diese Bauartausführung bewährte sich sehr gut. Die letzten S $^3/_5$ N wurden noch 1907 gebaut, ab 1908 wurden 29 Lokomotiven der Bauart S $^3/_5$ H in Betrieb genommen, die letzte 1911. Der Barrenrahmen, das Triebwerk und der Kessel, jedoch mit dem Schmidtschen Rauchröhrenüberhitzer, waren gleich wie bei der S $^3/_5$ N. Die Lokomotiven waren in Bayern auf alle größeren Bw verteilt. 1919 gingen fünf Lokomotiven als Reparationslieferung zur AL nach Elsaß-Lothringen, eine Lok nach Belgien zur ETAT. Alle anderen wurden nach der Umzeichnung 1925 von der Reichsbahn als 17501–524 übernommen. Sie wurden fast alle in den Jahren von 1946 bis 1948 ausgemustert.

Betriebsnummern: 17 501–24

Schnellzuglokomotive

Baureihe 18^4 (bayer. S $^3/_6$)

Bauart	2'C1'h4v	Rostfläche	4,5 m^2
Treib- und Kuppelrad-∅	1870 mm	Verdampfungsheizfläche	274,8 m^2
Laufrad-∅ vorn	950 mm	Überhitzerheizfläche	55,7 m^2
Laufrad-∅ hinten	1206 mm	Zylinder-∅	2×425, 2×650 mm
Länge über Puffer	21 221 mm	Kolbenhub	610/670 mm
Höchstgeschwindigkeit	120 km/h	Achslast max.	17 Mp
Leistung	1715 PSi	Lokreibungslast	51 Mp
Kesselüberdruck	15 kp/cm^2	Lokdienstlast	92,3 Mp

Erstes Baujahr: 1915 Kriegsserie mit Stahlfeuerbüchse, 17 t Achsdruck

Tender: 2'2' T 26,4

Im Jahre 1914 folgte den im Jahre 1913 gebauten ersten Loks dieses Typs (Serie t) eine Serie von fünf Lokomotiven als h in der Ausführung wie die ersten, mit dem Tender 2'2' T 26,4. Diese hatten noch 16 t Achsdruck. Die nächste Serie ab 1915 bis 1918 mit 30 Lokomotiven der Ausführung i hatte einen Achsdruck von 17 t. Sie erhielten eine Stahlfeuerbüchse sowie Ballaststücken als Massenausgleich. Triebwerks- und Kesselabmessungen entsprachen der Ausführung t von 1913. Mit der Auslieferung dieser Serie endete die erste große Beschaffungsperiode der S $^3/_6$. Das gemeinsame Merkmal dieser Serie war wieder das sogenannte „Windschneideführerhaus". Von dieser Serie gingen 1919 zwölf Lokomotiven als Reparationsleistung an die ETAT. Die letzten bei der Bundesbahn verbliebenen Lokomotiven wurden Ende der fünfziger Jahre ausgemustert.

Betriebsnummern: 18 461 – 78

Güterzuglokomotive

Baureihe 56^8 (bayer. G $^4/_5$ II)

Bauart	1'Dh4v	Rostfläche	3,3 m²
Treib- und Kuppelrad-Ø	1270 mm	Verdampfungsheizfläche	241,6 m²
Laufrad-Ø vorn	850 mm	Überhitzerheizfläche	61,7 m²
Laufrad-Ø hinten	– mm	Zylinder-Ø	H=2×400 mm
Länge über Puffer	18250 mm		N=2×620 mm
Höchstgeschwindigkeit	60 km/h	Kolbenhub	H 610/N 640 mm
Leistung	– PSi	Achslast max.	15,9 Mp
Kesselüberdruck	16 kp/cm²	Lokreibungslast	63,6 Mp
		Lokdienstlast	76,6 Mp

Erstes Baujahr: 1916

Tender: 3 T 20,2

Aufgrund der Verhältnisse im Ersten Weltkrieg wurde der Bau von 1'D-Güterzuglokomotiven aufgenommen, da für die Transportleistungen keine geeignete Type in Bayern vorhanden war. Um dem Fortschritt der Entwicklung gerecht zu werden, wurde eine Heißdampf-Vierzylinder-Verbundausführung gewählt, in starker Anlehnung an die kurz zuvor entwickelte Gattung VIIIe der Badischen Staatsbahn. Anders war jedoch, daß alle vier Zylinder die zweite Kuppelachse antrieben, was ein besseres Stangenverhältnis ergab. Die Loks erhielten Barrenrahmen, eine Adams-Achse und den Schmidtschen Rauchröhrenüberhitzer, der bei späteren Serien vergrößert wurde. Die erste Serie von zehn Loks wurde 1925 umgezeichnet in 56^8, ausgemustert wurden sie Mitte der dreißiger Jahre. Eine Lok kam 1919 als Reparationsleistung an die belgische ETAT.

Betriebsnummern: 56 801–9/901–1035

Güterzuglokomotive

Baureihe 56^{11} (bayer. G 4/5 II)

Bauart	1'Dh4v	Rostfläche	3,3 m^2
Treib- und Kuppelrad-∅	1300 mm	Verdampfungsheizfläche	237,0 m^2
Laufrad-∅ vorn	880 mm	Überhitzerheizfläche	58,0 m^2
Laufrad-∅ hinten	– mm	Zylinder-∅	N 2×620 mm
Länge über Puffer	18250 mm		H 2×400 mm
Höchstgeschwindigkeit	60 km/h	Kolbenhub	H 610/N 640 mm
Leistung	– PSi	Achslast max.	16 Mp
Kesselüberdruck	16 kp/cm^2	Lokreibungslast	64 Mp
		Lokdienstlast	77 Mp

Erstes Baujahr: 1918

Tender: 3 T 20,2

Die Lokomotiven der Reichsbahn 56 1101–25 stammten aus einer Lieferung von 25 Lokomotiven für die Militär-Generaldirektion Warschau. Nach Kriegsende wurden 1919 alle Lokomotiven von der Bayerischen Staatsbahn aufgekauft und 1925 von der Reichsbahn umgezeichnet. Ausgemustert wurden die letzten Mitte der vierziger Jahre. Abmessungen und Ausführungen waren dieselben wie bei 56^{8-11}.

Betriebsnummern: 56 1101–25

Güterzuglokomotive

Baureihe 57^5 (bayer. G $^5/_5$)

Bauart	Eh4v	Rostfläche	3,7 m^2
Treib- und Kuppelrad-∅	1270 mm	Verdampfungsheizfläche	252,3–245,0 m^2
Laufrad-∅ vorn	– mm	Überhitzerheizfläche	47,8–53,6 m^2
Laufrad-∅ hinten	– mm	Zylinder-∅	2×450, 2×690 mm
Länge über Puffer	19974 mm	Kolbenhub	610/640 mm
Höchstgeschwindigkeit	60 km/h	Achslast max.	17,0 Mp
Leistung	– PSi	Lokreibungslast	82,7–84,4 Mp
Kesselüberdruck	16 kp/cm^2	Lokdienstlast	82,7–84,4 Mp

Erstes Baujahr: 1920

Tender: 2'2' T 21,8

Für die steigungsreichen bayerischen Strecken wurde 1911 eine fünffach gekuppelte Güterzuglokomotive entwickelt, deren Rost- und Verdampfungsheizflächen fast 40% größer waren als bei der preußischen G 10. Wie bei der G $^4/_5$ H hatte jedes Zylinderpaar einen gemeinsamen Kolbenschieber. Bei den Nachbauserien von 1920 bis 1924 mit insgesamt 80 Lokomotiven wurde vor allem die Heizfläche des sehr knapp bemessenen Überhitzers vergrößert. Die letzte Lieferung dieser Gattung schloß die bayerische Güterzuglokgeschichte ab. Die G $^5/_5$ H war neben der württembergischen h-Lokomotive die leistungsfähigste Länderbahn-Güterzuglok. Sie übertraf selbst die preußische G 12, denn sie war in der Lage, in der Ebene 1340-t-Züge mit 60 km/h, in der Steigung mit 20‰ 470-t-Züge noch mit einer Geschwindigkeit von 25 km/h zu befördern. Umgezeichnet wurden 1925 alle Lokomotiven, allerdings wurden die ersten schon 1933 ausgemustert, die letzten im Jahre 1950.

Betriebsnummern: 57 511–90

Personenzugtenderlokomotive

Baureihe 73^4 (bayer. Pt $^2/_5$ N)

Bauart	1'B2'n2	Rostfläche	1,96 m^2
Treib- und Kuppelrad-Ø	1640 mm	Verdampfungsheizfläche	104,6 m^2
Laufrad-Ø vorn	1006 mm	Überhitzerheizfläche	– m^2
Laufrad-Ø hinten	1006 mm	Zylinder-Ø	450 mm
Länge über Puffer	11 888 mm	Kolbenhub	560 mm
Höchstgeschwindigkeit	90 km/h	Achslast max.	15,4 Mp
Leistung	– PSi	Lokreibungslast	30,1 Mp
Kesselüberdruck	12 kp/cm^2	Lokdienstlast	67,8 Mp

Erstes Baujahr: 1907

Die bayerische Pt $^2/_5$ N war eine Weiterentwicklung der D XIII, die in Bayern einen bemerkenswerten Durchbruch bei moderner Tenderlokomotivkonstruktion brachten, besonders für den Vorort- und Kurzstreckenverkehr von München und Nürnberg. Trotz Aufkommens des Heißdampfes wurden noch neun Lokomotiven in Naßdampfausführung gebaut. Die außergewöhnliche Achsanordnung 1B2 ermöglichte die Unterbringung großer Vorräte. Ferner wurde das Reibungsgewicht mit dem Abnehmen der Vorräte wenig beeinflußt. Die vordere Laufachse und die erste Kuppelachse waren als Krauss-Helmholtz-Drehgestell ausgeführt. Die Treibachse war fest gelagert. Die Laufeigenschaften waren vorzüglich. Die Bauart wurde auch von der Pfalzbahn und den Reichseisenbahnen Elsaß-Lothringen beschafft. Die einzelnen Bauarten unterschieden sich in ihren Hauptabmessungen und Ausrüstungen nur geringfügig. In den Jahren 1931 bis 1935 traten diese Lokomotiven ihren Weg zum Schrottplatz an.

Betriebsnummern: 73 131–39

Lokalbahnlokomotive

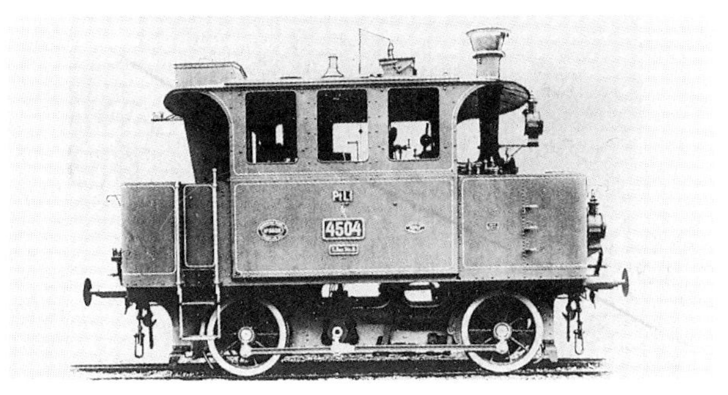

Baureihe 98^3 (bayer. PtL $^2/_2$)

Bauart	Bh2	Rostfläche	0,6 m^2
Treib- und Kuppelrad-∅	1006 mm	Verdampfungsheizfläche	37 m^2
Laufrad-∅ vorn	– mm	Überhitzerheizfläche	8,1 m^2
Laufrad-∅ hinten	– mm	Zylinder-∅	285–320 mm
Länge über Puffer	7004 mm	Kolbenhub	400 mm
Höchstgeschwindigkeit	50 km/h	Achslast max.	10,4–10,8 Mp
Leistung	– PSi	Lokreibungslast	20,9–21,7 Mp
Kesselüberdruck	12 kp/cm^2	Lokdienstlast	20,9–21,7 Mp

Erstes Baujahr: 1905

Für die Nebenbahnen wurde im Jahre 1905 die leichte, zweifach gekuppelte Tenderlok weiterentwickelt. Sie war für Ein-Mann-Bedienung vorgesehen, wovon man sich wirtschaftliche Vorteile versprach. Die ersten beiden Lokomotiven wurden auf der Landesgewerbeausstellung in Nürnberg gezeigt. Es gab vier Ausführungen: drei von Krauss, eine von Maffei. Gemeinsam hatten alle einen trichterförmigen Kohlekasten, wobei beim Bedienen des Rüttelhebels die Kohlen auf den Rost fielen. Die erste Ausführung von Krauss hatte ein Innentriebwerk, das auf eine Blindwelle wirkte, von welcher die außenliegenden Kuppelstangen ausgingen. Der Lokführer stand an der rechten Seite des Langkessels. An beiden Enden war das Führerhaus halbseitig offen. Die Lokomotiven waren im Umzeichnungsplan 1923 noch enthalten, wurden aber alle 1923 ausgemustert.

Betriebsnummern: 98 301–06

Lokalbahnlokomotive

Baureihe 98^3 (bayer. PtL $^2/_2$ – ML $^2/_2$)

Bauart	Bh2	Rostfläche	0,83 m^2
Treib- und Kuppelrad-∅	990 mm	Verdampfungsheizfläche	42/35,5 m^2
Laufrad-∅ vorn	– mm	Überhitzerheizfläche	– m^2
Laufrad-∅ hinten	– mm	Zylinder-∅	265 mm
Länge über Puffer	6570 mm	Kolbenhub	2×280 mm
Höchstgeschwindigkeit	50 km/h	Achslast max.	– Mp
Leistung	– PSi	Lokreibungslast	21,9/22,1 Mp
Kesselüberdruck	12 kp/cm^2	Lokdienstlast	21,9/22,1 Mp

Erstes Baujahr: 1906

Für die Entwicklung der PtL $^2/_2$ – ML $^2/_2$ baute auch Maffei in der zweiten Ausführung 25 Lokomotiven als sogenannte Motorlokomotiven. Diese Lokomotiven besaßen zwischen den beiden Achsen angeordnete Außenzylinder mit gegenläufigen Kolben. Das Führerhaus hatte seinen angestammten Platz am hinteren Ende der Lokomotive, war aber klein gehalten. Zu beiden Seiten des Langkessels befanden sich die Wasserkästen, seitlich das Geländer für einen sicheren Gang zur vorderen Übergangsbrücke. Beide Ausführungen konnten sich nicht durchsetzen, der Wartungsaufwand war sehr groß. Im Umzeichnungsplan 1923 waren die Loks noch enthalten; sie wurden in den Jahren 1923/24 ausgemustert.

Betriebsnummern: 98 361–84

Lokalbahnlokomotive

Baureihe 98^{76} (bayer. PtL $^3/_3$)

Bauart	Cn2	Rostfläche	1,0 m^2
Treib- und Kuppelrad-Ø	920 mm	Verdampfungsheizfläche	54,6 m^2
Laufrad-Ø vorn	– mm	Überhitzerheizfläche	– m^2
Laufrad-Ø hinten	– mm	Zylinder-Ø	350 mm
Länge über Puffer	7220 7565 mm	Kolbenhub	500 mm
Höchstgeschwindigkeit	45 km/h	Achslast max.	9,5 Mp
Leistung	– PSi	Lokreibungslast	27,3 Mp
Kesselüberdruck	11/12 kp/cm^2	Lokdienstlast	27,3 Mp

Erstes Baujahr: 1889

Die beiden Lokomotiven stammten von der Privatbahn Murnau – Garmisch-Partenkirchen, die bis 1908 von der Lokalbahn AG München betrieben wurde. Mit der Verstaatlichung dieser Bahn wurden die Lokomotiven als bayerische Lokgattung PtL $^3/_3$ eingereiht. Sie waren in ihren Abmessungen ähnlich der D VII (98^{76}). Die Lokomotiven erhielten ebenfalls noch Reichsbahnnummern und wurden 1927 ausgemustert.

Betriebsnummern: 98 7691 – 2

Personenzuglokomotive

Gattung – (pfälz.-bayer.) Betr.-Nr. 1–8

Bauart	1A1n2	Rostfläche	0,85 m^2
Treib- und Kuppelrad-⌀	1524 mm	Verdampfungsheizfläche	69,0 m^2
Laufrad-⌀ vorn	– mm	Überhitzerheizfläche	– m^2
Laufrad-⌀ hinten	– mm	Zylinder-⌀	356 mm
Länge über Puffer	– mm	Kolbenhub	559 mm
Höchstgeschwindigkeit	– km/h	Achslast max.	– Mp
Leistung	– PSi	Lokreibungslast	7,6 Mp
Kesselüberdruck	6,2 kp/cm^2	Lokdienstlast	21,3 Mp

Erstes Baujahr: 1846

Tender: 2 T 4,2

Die ersten acht Lokomotiven der Pfalzbahn wurden zur Hälfte von Keßler, Karlsruhe, und Maffei, München, geliefert. Sie hatten Langrohrkessel, Innenrahmen, waagerechte Außenzylinder und Innensteuerung. Der Kessel war ein Vierseitkessel mit Dampfdom. Die Pumpen, von Exzentern angetrieben, befanden sich innerhalb des Rahmens, die Kreuzköpfe waren niedrig ausgeführt. Die Treibstangen waren um die Gleitbahn gegabelt. Ende der siebziger Jahre wurden die Lokomotiven ausgemustert.

Betriebsnummern: –

Güterzuglokomotive

Gattung – (pfälz.-bayer.) Betr.-Nr. 9–20

Bauart	1Bn2	Rostfläche	0,81 m^2
Treib- und Kuppelrad-∅	1215 mm	Verdampfungsheizfläche	75,0 m^2
Laufrad-∅ vorn	– mm	Überhitzerheizfläche	– m^2
Laufrad-∅ hinten	– mm	Zylinder-∅	355 mm
Länge über Puffer	– mm	Kolbenhub	560 mm
Höchstgeschwindigkeit	– km/h	Achslast max.	– Mp
Leistung	– PSi	Lokreibungslast	15,5 Mp
Kesselüberdruck	7,23 kp/cm^2	Lokdienstlast	22,8 Mp

Erstes Baujahr: 1846

Tender: 3 T 5

Die erste 1B-Güterzuglokomotive der Pfalzbahn wurde zu je vier Stück von den Lokomotivfabriken Keßler, Karlsruhe, Maffei München und Regnier Poncelet, Lüttich, geliefert. Die Bauart aller Lokomotiven war gleich. Die Ausführung ließ badische Merkmale erkennen, z.B. beim Regler. Ursprünglich hatten sie eine Vierseit-Domkuppel, später erhielten sie einen domlosen Ersatzkessel der Bauart Belpaire. Im Triebwerk wichen sie durch die gegabelte Treibstange ab. Ausgeschieden sind die ersten Lokomotiven in den 1870er, die letzten Ende der 1880er Jahre.

Betriebsnummern: –

Schnellzuglokomotive

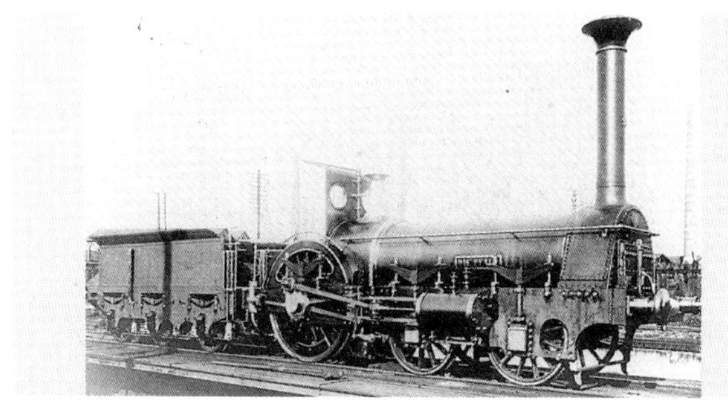

Gattung: – (pfälz.-bayer.)

Bauart	2An2	Rostfläche	0,98 m²
Treib- und Kuppelrad-⌀	1830 mm	Verdampfungsheizfläche	68,6 m²
Laufrad-⌀ vorn	1220 mm	Überhitzerheizfläche	– m²
Laufrad-⌀ hinten	– mm	Zylinder-⌀	356 mm
Länge über Puffer	– mm	Kolbenhub	610 mm
Höchstgeschwindigkeit	120 km/h	Achslast max.	9,2 Mp
Leistung	– PSi	Lokreibungslast	9,2 Mp
Kesselüberdruck	6/7 kp/cm²	Lokdienstlast	24,2 Mp

Erstes Baujahr: 1853

Tender: 3 T 6

Für den Schnellzugdienst des kleinen Netzes der Pfalzbahn wurden von 1853 bis 1868 18 Lokomotiven der Bauart Crampton beschafft. Die ersten vier Stück lieferte Maffei München, die restlichen 14 Keßler, Esslingen. Sie unterschieden sich durch das auf der Kesselmitte befindliche Reglergehäuse mit äußeren Einströmrohren, den glatten Stehkessel, die runde Rauchkammer mit größerem Durchmesser als der Langkessel und die über den Zylindern angeordneten Schieberkästen, wobei die von Maffei hinter den Zylindern im Rahmenausschnitt lagen. Im Jahre 1925 wurde im RAW Kaiserslautern eine Lok, die „Pfalz", originalgetreu nachgebaut. Sie lief im Jahre 1935 bei der Fahrzeugparade in Nürnberg mit. Heute steht sie im Museum der DGEG Neustadt/Weinstraße.

Betriebsnummern: –

Personenzuglokomotive

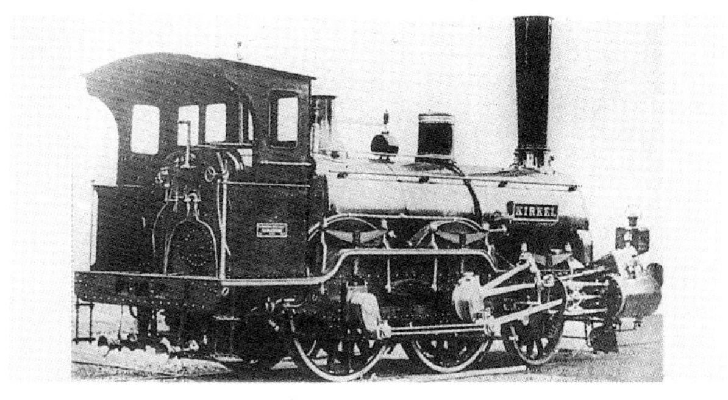

Baureihe 34^{74} (pfälz.-bayer.) P 1^{I}

Bauart	1Bn2	Rostfläche	0,99 m^2
Treib- und Kuppelrad-Ø	1626 mm	Verdampfungsheizfläche	102,0 m^2
Laufrad-Ø vorn	1092 mm	Überhitzerheizfläche	– m^2
Laufrad-Ø hinten	– mm	Zylinder-Ø	406 mm
Länge über Puffer	13890 mm	Kolbenhub	558 mm
Höchstgeschwindigkeit	50 km/h	Achslast max.	12,0 Mp
Leistung	– PSi	Lokreibungslast	19,8/21,6 Mp
Kesselüberdruck	10 kp/cm^2	Lokdienstlast	29/31 Mp

Erstes Baujahr: 1870

Tender: 2 T 7

Die erste Personenzuglokomotivgattung P 1^{I} wurde in zwei Serien von der Maschinenbaugesellschaft Karlsruhe gebaut: acht Stück im Jahre 1870, 21 Stück von 1872 bis 1875. Der Stil war typisch „Karlsruhe". Die ersten hatten eine überhängende Feuerbüchse mit flacher Decke nach Belpaire, die andern eine halbrunde Decke nach Crampton, die typisch Karlsruher Steuerungsbauart nach Stephenson mit Taschenschwinge, mit unterbrochener Mittellinie und doppelter Neigung des Schieberkastens. Ein Jahrzehnt später wurden alle Lokomotiven in den Werkstätten Ludwigshafen und Kaiserslautern umgebaut auf längeren Radstand, unterstützte Feuerbüchse und neue Feuerbüchsen mit größerem Rost. Die Höchstgeschwindigkeit wurde auf 75 km/h festgelegt. Die ersten Lokomotiven wurden um die Jahrhundertwende ausgemustert. Zwei Stück waren noch im Umzeichnungsplan 1923 vorhanden, wurden aber im Jahre 1924 ausgemustert.

Betriebsnummern: 34 7401 – 02

Personenzuglokomotive (Schnellzug)

Baureihe 34^{74} (pfälz.-bayer. P 1^{II})

Bauart	1Bn2	Rostfläche	1,39 m^2
Treib- und Kuppelrad-∅	1855 mm	Verdampfungsheizfläche	87,0 m^2
Laufrad-∅ vorn	1245 mm	Überhitzerheizfläche	– m^2
Laufrad-∅ hinten	– mm	Zylinder-∅	406 mm
Länge über Puffer	13965 mm	Kolbenhub	560 mm
Höchstgeschwindigkeit	85 km/h	Achslast max.	12 Mp
Leistung	– PSi	Lokreibungslast	24 Mp
Kesselüberdruck	10 kp/cm^2	Lokdienstlast	34 Mp

Erstes Baujahr: 1876

Tender: 2 T 7,5

Man erkannte bei der Pfalzbahn sehr bald, daß die Lokomotiven der Gattung P 1^{I} nicht die beste Konstruktion war. Daher baute im Jahre 1876 die Lokomotivfabrik Grafenstaden sechs Lokomotiven der neuen Gattung P 1^{II} mit der Achsanordnung 1B. Sie hatten jetzt Innenrahmen, unterstützte Feuerbüchse, innenliegende Stephenson-Steuerung, Crampton-Kessel; ein großer Dampfdom auf dem Langkessel kam später hinzu, ebenso die Schleifer-Treibradbremse. Mit diesen Lokomotiven wurde der Schnellzugverkehr in der Pfalz betrieben. Ausgemustert wurden die Lokomotiven in den 20er Jahren, ein Exemplar war noch im vorläufigen DR-Numerierungsplan von 1923 enthalten.

Betriebsnummern: 34 7451

Personenzuglokomotive

Baureihe 34^{74} (pfälz.-bayer. P 1^{III})

Bauart	1Bn2	Rostfläche	1,51 m^2
Treib- und Kuppelrad-∅	1855 mm	Verdampfungsheizfläche	87,5 m^2
Laufrad-∅ vorn	1245 mm	Überhitzerheizfläche	– m^2
Laufrad-∅ hinten	– mm	Zylinder-∅	420 mm
Länge über Puffer	14680 mm	Kolbenhub	560 mm
Höchstgeschwindigkeit	85 km/h	Achslast max.	11,63 Mp
Leistung	– PSi	Lokreibungslast	23,2 Mp
Kesselüberdruck	10 kp/cm^2	Lokdienstlast	34,2 Mp

Erstes Baujahr: 1880

Tender: 3 T 9,8

Nachdem sich die Lokomotivgattung P 1^{II} gut bewährte, baute Maffei im Jahre 1880 zunächst sechs Lokomotiven, 1884 nochmals drei Lokomotiven mit geringfügigen Maßänderungen nach. In der technischen Ausführung entsprachen sie der Gattung P 1^{II}. Für die damalige Zeit waren die Lokomotiven sehr leistungsfähig, immerhin fuhren sie Höchstgeschwindigkeiten von 85 km/h und hatten eine Zugkraft von 2670 kg. Ihre Leistung soll 430 PS betragen haben. Im vorläufigen Umzeichnungsplan der DR-Gesellschaft von 1923 waren fünf Maschinen vorgesehen. Ausgemustert wurden sie allerdings Mitte der zwanziger Jahre.

Betriebsnummern: 34 7411 – 15

Schnellzuglokomotive

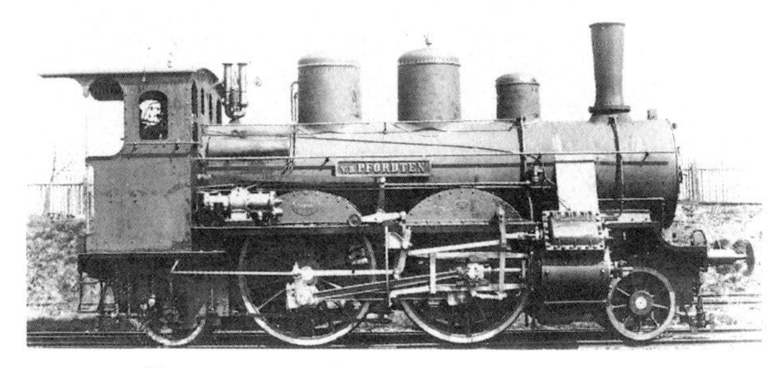

Baureihe 35^{70} (pfälz.-bayer. P 2^{I})

Bauart	1'B1n2	Rostfläche	1,80 m^2
Treib- und Kuppelrad-∅	1855 mm	Verdampfungsheizfläche	102,2/116,6 m^2
Laufrad-∅ vorn	945 mm	Überhitzerheizfläche	– m^2
Laufrad-∅ hinten	945 mm	Zylinder-∅	435 mm
Länge über Puffer	14630/14880 mm	Kolbenhub	600 mm
Höchstgeschwindigkeit	90 km/h	Achslast max.	13,7/14,0 Mp
Leistung	– PSi	Lokreibungslast	27,4/28,0 Mp
Kesselüberdruck	12 kp/cm^2	Lokdienstlast	47,7/48,7 Mp

Erstes Baujahr: 1891

Tender: 3 T 12 und 3 T 14

Durch den starken Wettbewerb der links- und rechtsrheinischen Eisenbahnen in Geschwindigkeit, Zeit und Zugkraftleistung sah sich die Pfalzbahn gezwungen, eine neue, leistungsfähige Schnellzuglokomotive zu beschaffen. Daß die Pfalzbahn dabei auf eine 1B1-Achsanordnung kam, ist erstaunlich, lag es doch nahe, eine 2 B zu beschaffen. Lauf- und erste Kuppelachse wurden durch eine Gabeldeichsel zu einem Drehgestell verbunden, dem sogenannten Krauss-Helmholtz-Drehgestell. Auf dem Langkessel vor dem Führerhaus befand sich als Dom der Luftkessel. Die „Höcker" auf dem Langkessel, Dampfdom und Sanddom, brachten der Lokomotive den Namen „Kamel" ein. Beim Personal waren diese Lokomotiven sehr beliebt. In der Ebene konnten sie 106 t mit 90 km/h befördern. Im Umzeichnungsplan der DRG 1923 waren sie noch vorhanden, wurden aber Mitte der zwanziger Jahre ausgemustert.

Betriebsnummern: 35 7001 – 20

Personenzugtenderlokomotive

Baureihe 73⁰ (pfälz.-bayer. P 2ᴵᴵ)

Bauart	1'B2'n2	Rostfläche	1,90 m^2
Treib- und Kuppelrad-∅	1640 mm	Verdampfungsheizfläche	104,6 m^2
Laufrad-∅ vorn	1006 mm	Überhitzerheizfläche	– m^2
Laufrad-∅ hinten	1006 mm	Zylinder-∅	450 mm
Länge über Puffer	11928 mm	Kolbenhub	560 mm
Höchstgeschwindigkeit	90 km/h	Achslast max.	15,0 Mp
Leistung	– PSi	Lokreibungslast	30,0 Mp
Kesselüberdruck	12 kp/cm^2	Lokdienstlast	67,5 Mp

Erstes Baujahr: 1900

Tender: 3 T 9,1

Für den Personenzugverkehr auf dem pfälzischen Netz wurden von 1900 bis 1908 von der Pfalzbahn 31 Lokomotiven bezogen, die voll den bayerischen D VIII bzw. Pt 2/5 N Baureihe 73^4 entsprachen. Die Streckenverhältnisse der Pfalzbahn ließen diese Achsanordnung sowie die Leistung als besonders günstig erscheinen. 21 Lokomotiven wurden von Krauss gebaut, die restlichen zehn von Maffei, München. Alle Lokomotiven hatten noch Namensschilder am Wasserkasten. Zur DRG gelangten im Jahre 1925 noch 28 Lokomotiven. Der größte Teil der Lokomotiven der ehemaligen Pfalzbahn wurden bis zum Jahre 1925 ausgemustert. Die drei nicht numerierten Lokomotiven kamen 1920 zur Saarbahn.

Betriebsnummern: 73 001 – 28

Schnellzuglokomotive

Baureihe 14[1] (pfälz.-bayer. P 3[II])

Bauart	2'aB1'n2v	Rostfläche	2,91 m²
Treib- und Kuppelrad-∅	1870 mm	Verdampfungsheizfläche	191,0 m²
Laufrad-∅ vorn	1000 mm	Überhitzerheizfläche	– m²
Laufrad-∅ hinten	1000 mm	Zylinder-∅	440/650 mm
Länge über Puffer	– mm	Kolbenhub	660 mm
Höchstgeschwindigkeit	100 km/h	Achslast max.	– Mp
Leistung	– PSi	Lokreibungslast	30,8 Mp
Kesselüberdruck	14 kp/cm²	Lokdienstlast	67,0 Mp

Erstes Baujahr: 1900

Tender: 3 T 16

Es zeigte sich immer wieder, daß das Anfahren von schweren Zügen mit den 2B1-Pfalzlokomotiven Schwierigkeiten machte, ganz besonders, wenn keine Schiebelokomotive vorhanden war. Die Pfalzbahn ließ daher durch Krauss eine Lokomotive mit einer abhebbaren Vorspannachse, ähnlich der bayerischen AA 1 bauen, jedoch mit Innenzylindern. Die Vorspannachse war im Hauptrahmen fest verankert, befand sich aber zwischen den Drehgestellachsen. Dadurch erhielt das Drehgestell einen großen Achsstand von 2380 mm. Die Hilfsmaschine hatte Joy-Steuerung, die Hauptmaschine die Heusinger-Steuerung ohne Hubscheibe bzw. Gegenkurbel. Der Regler der Zusatzmaschine war mit der Vorrichtung zum Andrücken der Vorspannachse auf die Schienen gekoppelt, so daß nur bei angedrückter Achse geöffnet werden konnte. Eine Besonderheit war ein Ausgleich der hinundhergehenden Massen nach Yarrow durch Gewichte, die sich im Aschkasten befanden. Sie wurde 1902 zu 2B1 umgebaut und erst 1925 ausgemustert.

Betriebsnummern: 14 121

Schnellzuglokomotive

Baureihe 14^1 (pfälz.-bayer. P 4)

Bauart	2'B1'n4v	Rostfläche	3,80 m^2
Treib- und Kuppelrad-∅	2010 mm	Verdampfungsheizfläche	223 m^2
Laufrad-∅ vorn	960 mm	Überhitzerheizfläche	– m^2
Laufrad-∅ hinten	1216 mm	Zylinder-∅	2×360/590 mm
Länge über Puffer	19728 mm	Kolbenhub	640 mm
Höchstgeschwindigkeit	100 km/h	Achslast max.	16,0 Mp
Leistung	– PSi	Lokreibungslast	32,0 Mp
Kesselüberdruck	15 kp/cm^2	Lokdienstlast	74,3 Mp

Erstes Baujahr: 1905

Tender: 2'2' T 20

Nach den schlechten Erfahrungen mit der Gattung P 3^{II} veranlaßte die Pfalzbahn, sechs neue Schnellzuglokomotiven im Jahre 1905 durch Maffei bauen zu lassen, die der badischen II d ähnlich waren, jedoch mit einem Überhitzer der Bauart Pielock, mit dem man aber keinen guten Griff tat; er bewährte sich auch bei anderen Bahnen nicht. Erstaunlich ist jedoch, daß bei der zweiten Lieferung 1906 nochmals der Pielock-Überhitzer verwendet wurde, obwohl er verlängert worden war. Durch die starken Anrostungen – der Überhitzerraum war unzugänglich – wurde er bei allen Lokomotiven wieder ausgebaut, und die Lokomotiven liefen als Naßdampfloks weiter. Ein Fortschritt war der Barrenrahmen. Die Leistung war doppelt so groß wie bei der Gattung P 3^{I}; die Loks beförderten 400 t in der Ebene mit 100 km/h. Die P 4 war die letzte Eigenentwicklung der Pfalzbahn. Im Umzeichnungsplan der DRG von 1923 waren sie noch vorhanden, wurden aber im Jahre 1925 ausgemustert.

Betriebsnummern: 14 151–161

Schnellzuglokomotive

Baureihe 18⁴ (pfälz.-bayer. S 3/6)

Bauart	2'C1'h4v	Rostfläche	4,5 m^2
Treib- und Kuppelrad-Ø	1870 mm	Verdampfungsheizfläche	269,1 m^2
Laufrad-Ø vorn	950 mm	Überhitzerheizfläche	55,7 m^2
Laufrad-Ø hinten	1206 mm	Zylinder-Ø	2×425/650 mm
Länge über Puffer	21221 mm	Kolbenhub	610/670 mm
Höchstgeschwindigkeit	120 km/h	Achslast max.	16,0 Mp
Leistung	1660 PSi	Lokreibungslast	49,4 Mp
Kesselüberdruck	15 kp/cm^2	Lokdienstlast	92,3 Mp

Erstes Baujahr: 1914

Tender: 2'2' T 26,2

Mit der sogenannten pfälz.-bayerischen S 3/6 wurde ein Baulos von zehn Lokomotiven (DRG 18 425–434) geliefert. Diese wichen nur bei einigen Abmessungen von den vorhergehenden Serien ab, deren Tender waren als 2'2' T 26,4 ausgeführt. Der feste Radstand betrug 3980 mm (Vorserien 4020 mm), der Gesamtradstand 11 190 mm (Vorserien 11365 mm). Die „Pfälzer" waren um 150 mm kürzer als die „Bayern". Der Gesamtachsstand von Lok und Tender betrug 18 667 mm, 355 mm weniger als bei den Bayern. Dies war wegen der 19-m-Drehscheiben der Pfalzbahn erforderlich.

Betriebsnummern: 18425–34

Personenzugtenderlokomotive

Baureihe 77^1 (pfälz.-bayer. P 5)

Bauart	1'C2'h2	Rostfläche	2,34 m^2
Treib- und Kuppelrad-Ø	1500 mm	Verdampfungsheizfläche	110,94 m^2
Laufrad-Ø vorn	960 mm	Überhitzerheizfläche	35,9 m^2
Laufrad-Ø hinten	960 mm	Zylinder-Ø	530 mm
Länge über Puffer	13150 mm	Kolbenhub	560 mm
Höchstgeschwindigkeit	90 km/h	Achslast max.	16,3 Mp
Leistung	– PSi	Lokreibungslast	48,8 Mp
Kesselüberdruck	13 kp/cm^2	Lokdienstlast	94,4 Mp

Erstes Baujahr: 1923

Für das ehemalige pfälzische Netz wurden im Jahre 1923 nochmals zehn Stück 1'C2'h2 der pfälzischen Gattung P 5 beschafft. Anfangs wurden die Lokomotiven im Raum München eingesetzt, ehe sie Ende der zwanziger Jahre zur Pfalzbahn kamen. Sie waren die letzten für die Pfalz beschafften Lokomotiven. Sie unterschieden sich von den vorher gebauten in Armaturen, Beleuchtung und Schleiferbremse und hatten außerdem ein geschlossenes Führerhaus mit Aufsatz auf dem Kohlenkasten. Alle Lokomotiven dieser Gattung entstanden bei der Krauss in München. Charakteristisch war, daß der Zylinderblock und die Kreuzkopf-Gleitbahn schräg lagen. Die P 5 hatte für eine Tenderlok außergewöhnlich große Wasser- und Kohlebehälter, wodurch sie große Strecken ohne Ergänzung der Vorräte zurücklegen konnte. In der Ebene erreichte sie 90 km/h Höchstgeschwindigkeit mit 260 t Zuglast, bei 5‰ Steigung brachten sie es noch auf 65 km/h. Mitte der fünfziger Jahre wurde die letzte Lokomotive ausgemustert.

Betriebsnummern: 77 120–9

Güterzuglokomotive

Gattung G 1' pfälz.-bayer.

Bauart	1Bn2	Rostfläche	0,86 m^2
Treib- und Kuppelrad-⌀	1215 mm	Verdampfungsheizfläche	74,6 m^2
Laufrad-⌀ vorn	1215 mm	Überhitzerheizfläche	– m^2
Laufrad-⌀ hinten	– mm	Zylinder-⌀	356 mm
Länge über Puffer	– mm	Kolbenhub	610 mm
Höchstgeschwindigkeit	– km/h	Achslast max.	– Mp
Leistung	– PSi	Lokreibungslast	16,8 Mp
Kesselüberdruck	6,2 kp/cm^2	Lokdienstlast	24,0 Mp

Erstes Baujahr: 1853

Tender: 3 T 6

Die vier Lokomotiven der pfälzischen Gattung G 1' waren die ersten gekuppelten Maschinen der Hall-Patent-Bauart, die von Maffei gebaut wurden, unmittelbar vor den Crampton-Lokomotiven, mit denen sie manches gemeinsam hatten. Die Hallschen Exzenterkurbeln und die ganze Steuerung mit dieser besonderen, teils außen, teils innen liegenden Form wurden nur von Maffei für die Bayerische und Pfalzbahn gebaut. Der Kessel war vollständig domlos mit überstehendem, halbrundem Stehkessel. Die Ausmusterung begann 1880.

Betriebsnummern: –

Güterzuglokomotive

Gattung G 1'' pfälz.-bayer.

Bauart	1Bn2	Rostfläche	0,92 m^2
Treib- und Kuppelrad-Ø	1216 mm	Verdampfungsheizfläche	82,82 m^2
Laufrad-Ø vorn	1216 mm	Überhitzerheizfläche	– m^2
Laufrad-Ø hinten	– mm	Zylinder-Ø	360 mm
Länge über Puffer	– mm	Kolbenhub	610 mm
Höchstgeschwindigkeit	– km/h	Achslast max.	– Mp
Leistung	– PSi	Lokreibungslast	18,6 Mp
Kesselüberdruck	6, 2 kp/cm^2	Lokdienstlast	26,5 Mp

Erstes Baujahr: 1855

Tender: 3 T 6

In einer weiteren Serie von zehn Stück beschaffte die Pfalzbahn diese Lokomotive im Jahre 1855. Die Steuerung lag ganz außen wie später bei den österreichischen Lokomotiven üblich. Die Mittellinie stieg nach vorn an, das Bajonett lenkte nach außen ab; die Schieber befanden sich quer waagerecht und mittig in der Seitenebene des Zylinders. Diese Anordnung ermöglichte ein beliebiges Verrücken der Laufachse bzw. die Anordnung eines Drehgestells neben den Zylindern. Die Laufachsen hatten den gleichen Durchmesser wie die Treibräder. Später erhielten die Lokomotiven Prüsmann-Kamine und ein Führerhaus. Anfang der neunziger Jahre begann die Ausmusterung.

Betriebsnummern: –

Güterzuglokomotive

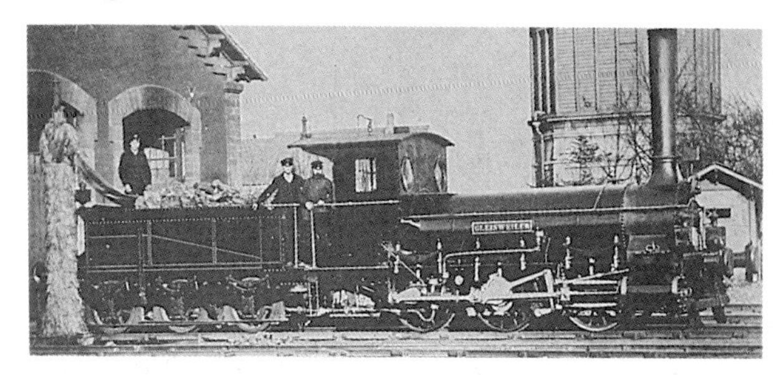

Gattung G 1^{III} pfälz.-bayer.

Bauart	1Bn2	Rostfläche	1,02 m^2
Treib- und Kuppelrad-∅	1215 mm	Verdampfungsheizfläche	82,3 m^2
Laufrad-∅ vorn	1215 mm	Überhitzerheizfläche	– m^2
Laufrad-∅ hnten	– mm	Zylinder-∅	406 mm
Länge über Puffer	– mm	Kolbenhub	610 mm
Höchstgeschwindigkeit	– km/h	Achslast max.	– Mp
Leistung	– PSi	Lokreibungslast	18,8 Mp
Kesselüberdruck	6 kp/cm^2	Lokdienstlast	26,5 Mp

Erstes Baujahr: 1859

Tender: 3 T 6

16 Güterzuglokomotiven der Gattung G 1 bildeten bis zum Jahre 1866 die dritte Lieferung, die als G 1^{III} bezeichnet wurden. Sie entsprachen, abgesehen von geringen Maßänderungen, in der technischen Ausführung vollständig der Gattung G 1^{II}. Die Ausmusterung dieser Gattung begann Mitte der neunziger Jahre und dauerte bis zur Jahrhundertwende.

Betriebsnummern: –

Güterzuglokomotive

Gattung G 1^{IV} pfälz.-bayer.

Bauart	Bn2	Rostfläche	1,16 m^2
Treib- und Kuppelrad-Ø	1215 (1250) mm	Verdampfungsheizfläche	89,6 m^2
		Überhitzerheizfläche	– m^2
Laufrad-Ø vorn	– mm	Zylinder-Ø	406 mm
Laufrad-Ø hinten	– mm	Kolbenhub	610 mm
Länge über Puffer	– mm	Achslast max.	– Mp
Höchstgeschwindigkeit	40 km/h	Lokreibungslast	27 Mp
Leistung	– PSi	Lokdienstlast	27 Mp
Kesselüberdruck	10,33 kp/cm^2		

Erstes Baujahr: 1869

Tender: 2 T 7

Wie bei den Nachbarländern üblich, beschaffte die Pfalzbahn im Jahre 1869/70 14 B-gekuppelte Güterzuglokomotiven. Diese Lokomotiven versahen den Güterzugdienst in der Vorderpfalz und in der Rheinebene. Sie hatten einen glatten, domlosen Kessel, vorne befand sich ein kleiner Sanddom. Sie waren mit einem Außenrahmen und waagerechten Zylindern und Innensteuerung ausgestattet. Von einigen Kurbel- und Achsbrüchen abgesehen haben sich die Lokomotiven gut bewährt. Sie versahen ihren Dienst bis 1905/06.

Betriebsnummern: –

Güterzuglokomotive

Baureihe 53^{78} (pfälz.-bayer. G 2^{I})

Bauart	Cn2	Rostfläche	1,5 m^2
Treib- und Kuppelrad-ø	1242 mm	Verdampfungsheizfläche	124,8 m^2
Laufrad-ø vorn	– mm	Überhitzerheizfläche	– m^2
Laufrad-ø hinten	– mm	Zylinder-ø	476 mm
Länge über Puffer	13800 mm	Kolbenhub	610 mm
Höchstgeschwindigkeit	45 km/h	Achslast max.	11,14 Mp
Leistung	– PSi	Lokreibungslast	35,7 Mp
Kesselüberdruck	10 kp/cm^2	Lokdienstlast	35,7 Mp

Erstes Baujahr: 1871

Tender: 2 T 8

Das starke Güteraufkommen in den siebziger Jahren veranlaßte die Pfalzbahn, nach den B-Kupplern eine Serie von 41 Güterzuglokomotiven der Achsanordnung C zu beschaffen, die von 1871 bis 1876 von Maffei geliefert wurden. Die Lokomotiven wurden nach Plänen der bayerischen Gattung C III gebaut. Sie erhielten einen Außenrahmen, jedoch mit Innensteuerung, außenliegende Zylinder und Hallsche Kurbeln, glatte Stehkessel, Dampfdom und verschiedene Sicherheitsventile. Eingesetzt waren sie hauptsächlich in den Dienstplänen von Kaiserslautern. Sie kamen noch in den Umzeichnungsplan der DRG von 1923, wurden aber bis 1924 ausgemustert. Sieben Lokomotiven wurden an die Saarbahn verkauft, vier Stück gingen als Reparationsleistung weg.

Betriebsnummern: 53 7801 – 21

Güterzuglokomotive

Baureihe 53^{79} (pfälz.-bayer. G 2^{II})

Bauart	Cn2	Rostfläche	1,53 m^2
Treib- und Kuppelrad-∅	1330 mm	Verdampfungsheizfläche	127,5 m^2
Laufrad-∅ vorn	– mm	Überhitzerheizfläche	– m^2
Laufrad-∅ hinten	– mm	Zylinder-∅	480 mm
Länge über Puffer	15290 mm	Kolbenhub	630 mm
Höchstgeschwindigkeit	50 km/h	Achslast max.	13,4 Mp
Leistung	– PSi	Lokreibungslast	39,5 Mp
Kesselüberdruck	10 kp/cm^2	Lokdienstlast	39,5 Mp

Erstes Baujahr: 1884

Tender: 3 T 9,8

Ab 1884 wurden bis 1892 nochmals 22 C-gekuppelte Güterzuglokomotiven, die letzten der Pfalzbahn, beschafft. Sie hatten außenliegende Allan-Steuerung preußischer Art, entsprachen aber der bayerischen Gattung C IV Zwilling, in ihren Abmessungen jedoch den preußischen C-gekuppelten Güterzuglokomotiven. Gegenüber der G 2^{I} hatten sie einen höheren Achsdruck, 39 t statt 35 t. Die letzte Lieferung von fünf Lokomotiven hatte Ramsbottom-Sicherheitsventile und runde Rauchkammertüren mit Zentralverschluß. Eingesetzt wurden sie auf dem gesamten pfälzischen Netz. Im vorläufigen Umzeichnungsplan der DRG von 1923 waren sie noch aufgeführt, wurden jedoch bis auf drei Exemplare 1924 ausgemustert: zwei Loks wurden an die Saarbahn verkauft, eine kam als Reparationslieferung an die Französische Nordbahn.

Betriebsnummern: 53 7991 – 8009

Güterzuglokomotive

Baureihe 55^{70} (pfälz.-bayer. G 3)

Bauart	Dn2	Rostfläche	2,09 m²
Treib- und Kuppelrad-∅	1295 mm	Verdampfungsheizfläche	131 m²
Laufrad-∅ vorn	– mm	Überhitzerheizfläche	– m²
Laufrad-∅ hinten	– mm	Zylinder-∅	508 mm
Länge über Puffer	15805 mm	Kolbenhub	660 mm
Höchstgeschwindigkeit	45 km/h	Achslast max.	13,6 Mp
Leistung	– PSi	Lokreibungslast	51,6 Mp
Kesselüberdruck	10 kp/cm²	Lokdienstlast	51,6 Mp

Erstes Baujahr: 1887

Tender: 2 T 8

Die starke Wirtschaftsbelebung in den 1890er Jahren brachte die Pfalzbahn beim Güterzugverkehr in Bedrängnis. Auf den steilen, krümmungsreichen Strecken mußten die Güterzüge teilweise mit zwei bis drei C-Lokomotiven bespannt werden; dieser Zustand war unhaltbar. Hier bot sich der Pfalzbahn die Gelegenheit, aus einer Konkursmasse sechs Lokomotiven zu erwerben, die nach Norwegen geliefert werden sollten. Es waren die letzten Lokomotiven, die von der Lokomotivfabrik Sharp, Stewart & Comp. in Manchester nach Deutschland geliefert worden waren. Weitere zehn Lokomotiven dieses Typs gingen als Gattung V IIIb an die Badische Staatsbahn, die sie in zwei Lieferungen übernahm. Die Lokomotiven waren nach englischen Grundsätzen gebaut: Zylinder leicht schräg, Antrieb auf die dritte Kuppelachse, Innensteuerung. Im Umzeichnungsplan waren sie noch enthalten, wurden aber Ende 1924 ausgemustert und verschrottet.

Betriebsnummern: 55 7001–6

Güterzuglokomotive

Baureihe 55^{72} (pfälz.-bayer. G 4[I])

Bauart	Dn2	Rostfläche	2,25 m²
Treib- und Kuppelrad-Ø	1250 mm	Verdampfungsheizfläche	145,7 m²
Laufrad-Ø vorn	– mm	Überhitzerheizfläche	– m²
Laufrad-Ø hinten	– mm	Zylinder-Ø	530 mm
Länge über Puffer	16770/16970 mm	Kolbenhub	630 mm
Höchstgeschwindigkeit	45 km/h	Achslast max.	14,05 Mp
Leistung	– PSi	Lokreibungslast	54,8 Mp
Kesselüberdruck	12 kp/cm²	Lokdienstlast	54,8 Mp

Erstes Baujahr: 1898

Tender: 3 T 12

Nachdem die Pfalzbahn in den 1890er Jahren sich – meist ohne Erfolg – verschiedene einzelne Typen gekauft hatte, entschloß man sich jetzt, eine leistungsfähige Güterzuglokomotiv-Serie zu beschaffen. Im Jahre 1898 baute Krauss in München zwölf Lokomotiven, 1899 kamen weitere 15 Lokomotiven hinzu. Die Lieferungen unterschieden sich gering in der Steuerungsbetätigung. Mit 14 t Kuppelachsfahrmasse wiesen sie keine besonderen Abmessungen auf, was aber für die damaligen Verhältnisse ausreichte. Das außenliegende, leicht geneigte Naßdampftriebwerk war eine einfache Ausführung mit Flachschieber und Heusinger-Steuerung. 15 Lokomotiven wurden 1923 mit DRG-Nummern 55 7201–15 versehen, die restlichen zwölf Stück wurden nach dem Ersten Weltkrieg an die Saar abgegeben. Die DRG-Lokomotiven wurden Ende der zwanziger Jahre ausgemustert.

Betriebsnummern: 55 7201–15

Güterzuglokomotive

Baureihe 55^{71} (pfälz.-bayer. G 4^{II})

Bauart	B'Bn4v	Rostfläche	2,07 m^2
Treib- und Kuppelrad-⌀	1330 mm	Verdampfungsheizfläche	123 m^2
Laufrad-⌀ vorn	– mm	Überhitzerheizfläche	– m^2
Laufrad-⌀ hinten	– mm	Zylinder-⌀	2×415/635 mm
Länge über Puffer	16400 mm	Kolbenhub	630 mm
Höchstgeschwindigkeit	50 km/h	Achslast max.	14 Mp
Leistung	– PSi	Lokreibungslast	56 Mp
Kesselüberdruck	14 kp/cm^2	Lokdienstlast	56 Mp

Erstes Baujahr: 1896

Tender: 3 T 13,8

Die pfälzische Mallet-Lokomotive der Gattung G 4^{II} entsprach in ihren Hauptabmessungen der bayerischen Gattung BB I. Sie waren die ersten Verbundlokomotiven der Pfalzbahn. Es wurden nur zwei Lokomotiven beschafft. Eine Lok, die 199 „Neuburg“, wurde von Staby im Jahre 1906 zu Güterzug-Bremsversuchen mit der Schleiferbremspumpe und Bremsluftbehälter ausgerüstet. Den B'B-gekuppelten Mallet-Lokomotiven war kein großer Erfolg beschieden, was in den technisch-physikalischen Gegebenheiten begründet war. Eine Lokomotive wurde 1923 noch in das DRG-Nummernschema übernommen, aber Mitte der zwanziger Jahre ausgemustert.

Betriebsnummern: 55 7102

Güterzuglokomotive

Gattung G 4^{III} pfälz.-bayer.

Bauart	1'Dn4v	Rostfläche	2,22 m^2
Treib- und Kuppelrad-Ø	1160 mm	Verdampfungsheizfläche	150,5 m^2
Laufrad-Ø vorn	945 mm	Überhitzerheizfläche	– m^2
Laufrad-Ø hinten	– mm	Zylinder-Ø	540 mm
Länge über Puffer	16710 mm	Kolbenhub	560 mm
Höchstgeschwindigkeit	55 km/h	Achslast max.	13,0 Mp
Leistung	– PSi	Lokreibungslast	51,5 Mp
Kesselüberdruck	13 kp/cm^2	Lokdienstlast	59,5 Mp

Erstes Baujahr: 1896

Tender: 3 T 12

Im Jahre 1896 entschloß sich die Pfalzbahn, für das starke Güteraufkommen neben der Gattung G 4^{II} (B'B) zwei Lokomotiven der Achsanordnung 1D' in Vierzylinder-Verbund-Ausführung zu beschaffen. Die Maschinen waren der bayerischen Gattung E 1 ähnlich. Die Lokomotiven wurden versuchsweise mit Verbund-Doppelzylindern der Bauart Sondermann ausgestattet; da sie sich nicht bewährten, wurden sie umgebaut und mit normalen Zylindern in n2-Bauart ausgerüstet. Die Kessel waren etwas kleiner als die der bayerischen Gattung E 1. Mitte der zwanziger Jahre wurden die Lokomotiven ausgemustert.

Betriebsnummern: –

Güterzuglokomotive

Baureihe 53^5 (pfälz.-bayer. G $^3/_3$)

Bauart	Cn2v	Rostfläche	2,2 m^2
Treib- und Kuppelrad-Ø	1300 mm	Verdampfungsheizfläche	118,7 m^2
Laufrad-Ø vorn	– mm	Überhitzerheizfläche	– m^2
Laufrad-Ø hinten	– mm	Zylinder-Ø	490/730 mm
Länge über Puffer	14980 mm	Kolbenhub	635 mm
Höchstgeschwindigkeit	50 km/h	Achslast max.	– Mp
Leistung	– PSi	Lokreibungslast	50,6 Mp
Kesselüberdruck	15 kp/cm^2	Lokdienstlast	50,6 Mp

Erstes Baujahr: 1919

Tender: 2 T 13,2

Durch Zufall kamen 1919 vier C-gekuppelte Güterzuglokomotiven zur Pfalzbahn. Mit ihren 17 t Achsdruck waren sie die schwersten C-Lokomotiven bei deutschen Bahnen bis 1920. Eigenartig war bei dieser Bauart, daß sie eine über dem Rahmen liegende Feuerbüchse besaß. Es handelte sich um vier für Marokko bestimmte Lokomotiven, die die Bayerische Staatsbahn von Maffei erwarb und der Pfalzbahn zuwies. Zwei Exemplare hatten Stahlfeuerbüchsen. 1924 wurden alle ausgemustert, da sie durch ihre ungewöhnliche Bauart nicht gut zusammen mit anderen Lokomotiven verwendet werden konnten.

Betriebsnummern: 53 501–4

Güterzugtenderlokomotive

Gattung: – (pfälz.-bayer.)

Bauart	Bn2	Rostfläche	1,10 m^2
Treib- und Kuppelrad-Ø	1242 mm	Verdampfungsheizfläche	99 m^2
Laufrad-Ø vorn	– mm	Überhitzerheizfläche	– m^2
Laufrad-Ø hinten	– mm	Zylinder-Ø	406 mm
Länge über Puffer	5510 mm	Kolbenhub	610 mm
Höchstgeschwindigkeit	35 km/h	Achslast max.	– Mp
Leistung	– PSi	Lokreibungslast	27,6 Mp
Kesselüberdruck	7 kp/cm^2	Lokdienstlast	27,6 Mp

Erstes Baujahr: 1868

Für die Eröffnung der Rheinbrücke zwischen Mannheim und Ludwigshafen beschaffte die Pfalzbahn im Jahre 1868 vier Lokomotiven von Krauss, München. Für die Neigung der Auffahrtrampen 1:83 waren die Lokomotiven mit ihrer großen Zugkraft gut geeignet. Die Lokomotiven besaßen alle Neuerungen im Lokbau, wie die von K.v. Linde entworfene Rückdruck-Dampfbremse, die an der Seite der Rauchkammer sowie auf dem Schieberkastendeckel zu erkennen war, die Allan-Steuerung und ein modernes Führerhaus. Ausgemustert wurden die Lokomotiven in den neunziger Jahren.

Betriebsnummern: –

Güterzugtenderlokomotive

Baureihe 88^{70} (pfälz.-bayer. T 2^{I})

Bauart	Bn2	Rostfläche	0,75 m^2
Treib- und Kuppelrad-Ø	980 mm	Verdampfungsheizfläche	55 m^2
Laufrad-Ø vorn	– mm	Überhitzerheizfläche	– m^2
Laufrad-Ø hinten	– mm	Zylinder-Ø	280 mm
Länge über Puffer	6800 mm	Kolbenhub	460 mm
Höchstgeschwindigkeit	45 km/h	Achslast max.	10/10,6 Mp
Leistung	– PSi	Lokreibungslast	20/21 Mp
Kesselüberdruck	7 kp/cm^2	Lokdienstlast	20/21 Mp

Erstes Baujahr: 1865

Die pfälzische T 2^{I} war die erste Schiffsbrückenlokomotive für die Bahn Maxau – Karlsruhe über den Rhein. Sie hatte durch ihr geringes Gewicht eine niedrige Schwerpunktslage. Bei der Überquerung sanken die Kähne unter der Zuglast tief ein, der Zug lief ständig in einer „Einsenkung“. Daher war zur Dampfentnahme ein besonderer Domaufbau vorhanden. Der Dampf ging in einem freiliegenden Rohr über dem Kessel zum Regler. Die Vorräte waren gering. Ein Führerhaus kam erst später hinzu. Das Massegewicht betrug 18 t, der Radstand 2100 mm. Die Lokomotiven wurden Anfang der zwanziger Jahre ausgemustert.

Betriebsnummern: 88 7001 – 3

Güterzugtenderlokomotive

Gattung T 2^II pfälz.-bayer.

Bauart	Bn2	Rostfläche	0,70 m^2
Treib- und Kuppelrad-Ø	975 mm	Verdampfungsheizfläche	29 m^2
Laufrad-Ø vorn	– mm	Überhitzerheizfläche	– m^2
Laufrad-Ø hinten	– mm	Zylinder-Ø	265 mm
Länge über Puffer	6735 mm	Kolbenhub	508 mm
Höchstgeschwindigkeit	45 km/h	Achslast max.	8,72 Mp
Leistung	– PSi	Lokreibungslast	17,7 Mp
Kesselüberdruck	12 kp/cm^2	Lokdienstlast	17,7 Mp

Erstes Baujahr: 1883

Für die im Jahre 1883 eröffnete Lautertalbahn Kaiserslautern – Lauterecken lieferte die Maschinenbaugesellschaft Karlsruhe vier Lokomotiven der Bauart B-T, die spätere Gattung T 2^II. Durch ihr geringes Gewicht und ihr Aussehen waren sie die typischen „Bimmelbahnlokomotiven" der damaligen Zeit. Der Wasserkasten befand sich zwischen dem Blechrahmen, der Kesselaufbau enthielt Dampfdom, Sandkasten, Ramsbottom-Sicherheitsventile. Im Jahre 1904 wurden alle Lokomotiven an die Fa. Cranz in Saarbrücken verkauft, als sie durch die Gattung T 4^I ersetzt wurden.

Betriebsnummern: –

Lokalbahnlokomotive

Baureihe 98^4 (pfälz.-bayer. T 4^{II})

Bauart	C1'n2	Rostfläche	1,30 m^2
Treib- und Kuppelrad-Ø	996 mm	Verdampfungsheizfläche	67,3 m^2
Laufrad-Ø vorn	– mm	Überhitzerheizfläche	– m^2
Laufrad-Ø hinten	790 mm	Zylinder-Ø	375 mm
Länge über Puffer	9294 mm	Kolbenhub	508 mm
Höchstgeschwindigkeit	45 km/h	Achslast max.	10,5 Mp
Leistung	– PSi	Lokreibungslast	31,5 Mp
Kesselüberdruck	12 kp/cm^2	Lokdienstlast	39,6 Mp

Erstes Baujahr: 1900

Aufgrund der Betriebserfahrungen mit der bayerischen Tenderlokomotive der Gattung D XI entschloß sich die Bayerische Staatsbahn, für das pfälzische Netz ebensolche zu beschaffen, jedoch mit geringen Abweichungen. Sie waren 6 mm länger, das Dienstgewicht lag bei 39,6 t. Dadurch ergab sich ein größerer Achsdruck der Schleppachse, die mit der hinteren Kuppelachse als Krauss-Helmholtz-Gestell ausgeführt war. Etwas kleiner als bei der D XI war die Rostfläche und die Feuerbüchsheizfläche. Eine weitere Abweichung waren die Kuppelraddurchmesser mit 992 mm und die Laufraddurchmesser mit 790 mm. Der Kohlebehälter befand sich hinter dem Führerhaus. Statt der üblichen Westinghouse-Bremse erhielten die Lokomotiven die gebräuchlichen pfälzischen Schleifer-Bremsen. Mit einer Geschwindigkeit von 45 km/h beförderten sie in der Ebene noch 400 t. Im Jahre 1923 erhielten sie die DR-Nummern 98 401–403. Im Jahre 1933/34 wurden sie ausgemustert.

Betriebsnummern: 98 401–3

Güterzugtenderlokomotive

Baureihe 94^0 (pfälz.-bayer. T 5)

Bauart	En2	Rostfläche	2,73 m²
Treib- und Kuppelrad-Ø	1180 mm	Verdampfungsheizfläche	169 m²
Laufrad-Ø vorn	– mm	Überhitzerheizfläche	– m²
Laufrad-Ø hinten	– mm	Zylinder-Ø	560 mm
Länge über Puffer	12020 mm	Kolbenhub	560 mm
Höchstgeschwindigkeit	40 km/h	Achslast max.	14,4 Mp
Leistung	– PSi	Lokreibungslast	72 Mp
Kesselüberdruck	13 kp/cm²	Lokdienstlast	72 Mp

Erstes Baujahr: 1907

Zur Beförderung schwerer Kohlezüge auf der Steilrampe Biebermühle – Pirmasens beschaffte die Pfälzische Bahn vier E-gekuppelte Tenderlokomotiven, was ein Novum darstellte. In der Leistung blieben sie jedoch hinter den vergleichbaren preußischen Typen zurück. In der Ebene beförderten sie 1510 t mit 40 km/h, auf einer Steigung von 20‰ 200 t mit 30 km/h. Die von Krauss gebauten Lokomotiven lehnten sich in der Trieb- und Laufwerksausführung an die österreichische Staatsbahnreihe 180 an. Angetrieben wurde die vierte Kuppelachse. Die Kuppelräder waren mit 1180 mm Durchmesser verhältnismäßig klein. Obwohl sie in Naßdampf ausgeführt waren, hatten sie Kolbenschieber. Die DRG übernahm 1925 alle Lokomotiven. Bis auf eine – sie war die Werkslok „Bad Alexander" einer Steinkohlezeche in Baesweiler bis 1974 – wurden sie Anfang der dreißiger Jahre ausgemustert. Heute ist sie in Neustadt/Weinstraße bei der DGEG hinterstellt.

Betriebsnummern: 94 001 – 4

Güterzugtenderlokomotive

Baureihe 92^{20} (pfälz.-bayer. R $^4/_4$)

Bauart	Dn2	Rostfläche	2,02 m^2
Treib- und Kuppelrad-∅	1216 mm	Verdampfungsheizfläche	125,1 m^2
Laufrad-∅ vorn	– mm	Überhitzerheizfläche	– m^2
Laufrad-∅ hinten	– mm	Zylinder-∅	530 mm
Länge über Puffer	10840 mm	Kolbenhub	650 mm
Höchstgeschwindigkeit	45 km/h	Achslast max.	– Mp
Leistung	– PSi	Lokreibungslast	66,9 Mp
Kesselüberdruck	12 kp/cm^2	Lokdienstlast	66,9 Mp

Erstes Baujahr: 1913

Für den schweren Rangierdienst wurden von der Pfalzbahn von 1913 bis 1915 insgesamt neun schwere D-gekuppelte Lokomotiven, ähnlich der badischen Xb, beschafft. Eine Eigenart war der sehr hohe Kessel, unter dem sich der Wasserbehälter mit 7,5 m^3 Inhalt befand; Dampfdom und Sanddom bildeten eine Einheit auf dem Kessel. Die R $^4/_4$ ging in der Reichsbahnnumerierung 1925 in die Nr. 92^{20} ein. In der Ebene konnte sie beim Rangierdienst 1000 t schleppen, bei einer Steigung von 5‰ wurden mit 240 t noch 45 km/h erreicht. Die ersten Lokomotiven wurden Mitte der dreißiger, die letzten in den fünfziger Jahren ausgemustert.

Betriebsnummern: 92 2001 – 7

Schnellzuglokomotive

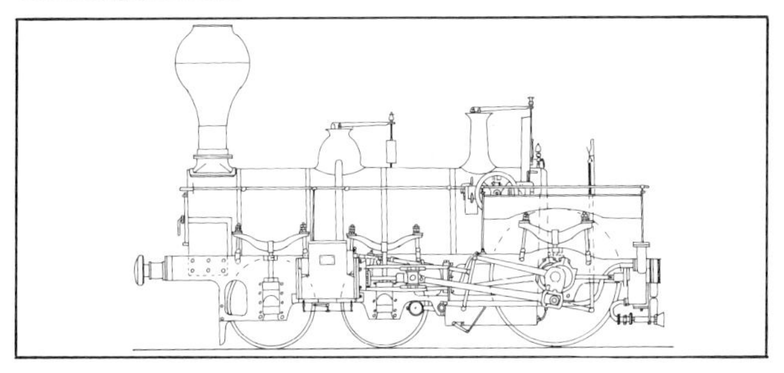

Gattung A Bayer. Ostb. (später B IX)

Bauart	2An2	Rostfläche	1,13 m^2
Treib- und Kuppelrad-Ø	1828 mm	Verdampfungsheizfläche	83,2 m^2
Laufrad-Ø vorn	1220 mm	Überhitzerheizfläche	– m^2
Laufrad-Ø hinten	– mm	Zylinder-Ø	394 mm
Länge über Puffer	13710 mm	Kolbenhub	610 mm
Höchstgeschwindigkeit	90 km/h	Achslast max.	– Mp
Leistung	– PSi	Lokreibungslast	11,0 Mp
Kesselüberdruck	6 kp/cm^2	Lokdienstlast	25,9 Mp

Erstes Baujahr: 1857

Tender: 3 T 7

Die Bayerische Ostbahn gehörte zu den wenigen Eisenbahnverwaltungen, die ihren Betriebsdienst mit Crampton-Lokomotiven begonnen hatten. Die Lokomotiven waren den von Keßler für die Pfalzbahn gelieferten ähnlich, obwohl sie von Maffei gebaut wurden. Sie hatten Außenrahmen, das Triebwerk und die Steuerung befanden sich außen. Die beiden führenden Laufachsen waren im Hauptrahmen fest gelagert. Der Belpaire-Stehkessel hing zwischen der zweiten Laufachse und der Treibachse durch. Die Treibräder mit 1829 mm Raddurchmesser waren die kleinsten bei den in Deutschland gebauten Crampton-Lokomotiven. Im Jahre 1869/71 wurden alle zwölf Lokomotiven in der Centralwerkstätte Regensburg in 1B-Lokomotiven umgebaut, dabei ergaben sich diverse Maßänderungen. Sie wurden als B IX geführt mit den Nummern 1082 bis 1092. Die Ausmusterung dauerte von 1907 bis 1926.

Betriebsnummern: –

Schnellzuglokomotive

Gattung A Bayer. Ostb. (später B IX)

Bauart	1A1n2	Rostfläche	1,12 m^2
Treib- und Kuppelrad-∅	1828 mm	Verdampfungsheizfläche	80 m^2
Laufrad-∅ vorn	1220 mm	Überhitzerheizfläche	– m^2
Laufrad-∅ hinten	1220 mm	Zylinder-∅	394 mm
Länge über Puffer	11850 mm	Kolbenhub	610 mm
Höchstgeschwindigkeit	90 km/h	Achslast max.	– Mp
Leistung	– PSi	Lokreibungslast	10,5 Mp
Kesselüberdruck	6 kp/cm^2	Lokdienstlast	25,9 Mp

Erstes Baujahr: 1859

Tender: 3 T 7

Im Jahre 1859 wurden zwölf ungekuppelte Lokomotiven der sogenannten Stephenson-Bauart beschafft. Die Abkehr von der Crampton-Lokomotive, deren schwacher Punkt die geringe Belastbarkeit der Treibachse war, überrascht nicht bei einer Bahn mit Steigungen, die nur mit einem gewissen Mindestwert an Reibungsgewicht überwunden werden können. Es war erstaunlich, daß die Ostbahn bei diesem Prinzip geblieben ist. Die 1A1-Lokomotive hatte eine max. Treibrad-Reibungslast von nur 10,5 t, andere Bahnen kamen schon auf 13 bis 15 t. In den Abmessungen des Kessels und des Triebwerks unterschieden sie sich von den Crampton in keiner Weise. Auch diese Lokomotiven wurden in den Jahren 1870/71 von der Centralwerkstätte Regensburg in 1B-Lokomotiven umgebaut. Die Treibräder erhielten einen Durchmesser von 1524 mm, der Kesseldruck wurde auf 10 atü erhöht. Die Umbau-Lokomotiven mit ihren neuen Nummern 1069 bis 1080 wurden in den Jahren 1900 bis 1903 ausgemustert.

Betriebsnummern: –

Personenzuglokomotive

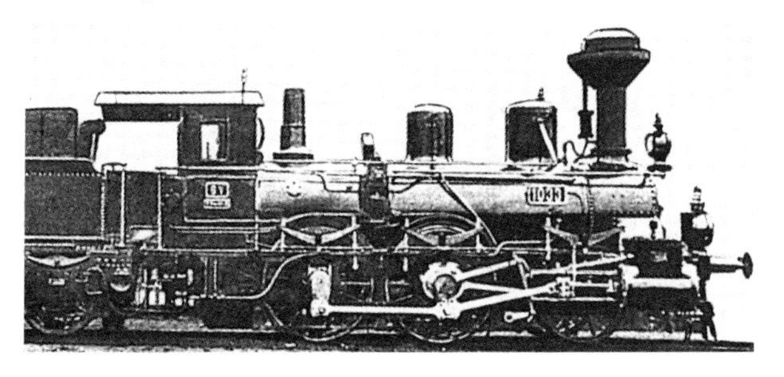

Gattung B Bayer. Ostb. (später B V)

Bauart	1Bn2	Rostfläche	1,3/1,29 m^2
Treib- und Kuppelrad-⌀	1524/1545 mm	Verdampfungsheizfläche	100/93 m^2
Laufrad-⌀ vorn	1220/1255 mm	Überhitzerheizfläche	– m^2
Laufrad-⌀ hinten	– mm	Zylinder-⌀	419 mm
Länge über Puffer	~13660 mm	Kolbenhub	610 mm
Höchstgeschwindigkeit	75 km/h	Achslast max.	10,9–11,8 Mp
Leistung	– PSi	Lokreibungslast	19/21,5 Mp
Kesselüberdruck	6 kp/cm^2	Lokdienstlast	27,5/30 Mp

Erstes Baujahr: 1858

Tender: 3 T 6,5–7,7 bzw. 9,0

Die Bayerische Ostbahn beschaffte sich in den Jahren von 1858 bis 1865 66 Lokomotiven der Gattung B, später B V, mit der Achsanordnung 1B. Sie entsprachen weitgehendst der Bayerischen Staatsbahn-Gattung B V. Der Treibraddurchmesser betrug 1524 mm, Zylinder und Feuerbüchse hingen über. Die Loks hatten einen äußeren Füllrahmen, außenliegende Stephenson-Steuerung, Exzenterkurbeln, einen glatten Crampton-Kessel. Die Tender waren dreiachsig. Die Leistungen stellten zufrieden, so daß die letzte Lok, die B 23, Staatsbahn-Nummer 1025, erst 1924 ausgemustert wurde. Eine Lokomotive, die B 46, Staatsbahn-Nummer 1048, wurde 1924 in Weiden in eine Crampton-Lok, die „Pfalz", umgebaut und ist bis heute erhalten.

Betriebsnummern: –

Schnellzuglokomotive

Gattung B Bayer. Ostb. (später B IX (b))

Bauart	1Bn2	Rostfläche	1,4–1,54 m^2
Treib- und Kuppelrad-⌀	1835/1850 mm	Verdampfungsheizfläche	84,3–92,3 m^2
Laufrad-⌀ vorn	1220/1255 mm	Überhitzerheizfläche	– m^2
Laufrad-⌀ hinten	– mm	Zylinder-⌀	394 mm
Länge über Puffer	13180 13340 mm	Kolbenhub	610 mm
Höchstgeschwindigkeit	80/90 km/h	Achslast max.	11,6–12,2 Mp
Leistung	– PSi	Lokreibungslast	19,8–20,8 Mp
Kesselüberdruck	8, 9, 10 kp/cm^2	Lokdienstlast	31,4–33,0 Mp

Erstes Baujahr: 1872

Tender: 3 T 8,5

Nach dem Umbau der Gattung A in 1B-Lokomotiven in den Jahren 1870 bis 1872 erfolgte nun die erste Lieferung von sechs neuen Serienlokomotiven der Bauart 1B. Die Ausführung lehnte sich an die Umbauausführung an; die Stehkessel hingen nicht mehr durch, sondern standen über der Achswelle der Kuppelachse. Das Reibungsgewicht blieb bei ca. 20 t. Äußerlich waren die Neubaulokomotiven am breiten Führerhaus zu erkennen, das die Tragfedern der hinteren Kuppelachse einschloß, während die Federn der Umbaulokomotiven außen neben dem Führerhaus lagen. Die Lokomotiven waren recht langlebig. Später wurden sie in die Bayerische Staatsbahn als B IX aufgenommen, zur Umnumerierung kamen sie nicht mehr.

Betriebsnummern: –

Güterzuglokomotive

Gattung C Bayer. Ostb. (später C II)

Bauart	Cn2	Rostfläche	1,5/1,61/1,65 m²
Treib- und Kuppelrad-⌀	1524/1540 mm	Verdampfungsheizfläche	121,5/107/115 m²
Laufrad-⌀ vorn	– mm	Überhitzerheizfläche	– m²
Laufrad-⌀ hinten	– mm	Zylinder-⌀	508 mm
Länge über Puffer	14150 mm	Kolbenhub	660 mm
Höchstgeschwindigkeit	45 km/h	Achslast max.	11,3–12,2 Mp
Leistung	– PSi	Lokreibungslast	35,5/36,5/38,5 Mp
Kesselüberdruck	8/9/10 kp/cm²	Lokdienstlast	35,5/36,5/38,5 Mp

Erstes Baujahr: 1862

Tender: 3 T 9,0

Im Jahre 1862/63 wurden die ersten C-gekuppelten Güterzuglokomotiven mit Außenrahmen beschafft. Abweichend von den Außenrahmenlokomotiven der Gattung B hatten sie innenliegende Stephenson-Steuerung. Treibachse war die letzte Kuppelachse, (die Treibstange war also sehr lang) mit Hallschen Kurbeln. Zwischen der zweiten und dritten Kuppelachse waren Ausgleichshebel eingebaut. Die Lokomotiven hatten einen ungewöhnlich großen Raddurchmesser, so daß sie auch für Personenzüge eingesetzt wurden. Später erhielten die Lokomotiven Einrichtungen für Dampfheizung und durchgehende Bremsen. Von der Bayerischen Staatsbahn wurden sie unter der Bezeichnung C II geführt. Ausgemustert wurden sie im ersten Jahrzehnt des neuen Jahrhunderts.

Betriebsnummern: –

Güterzuglokomotive

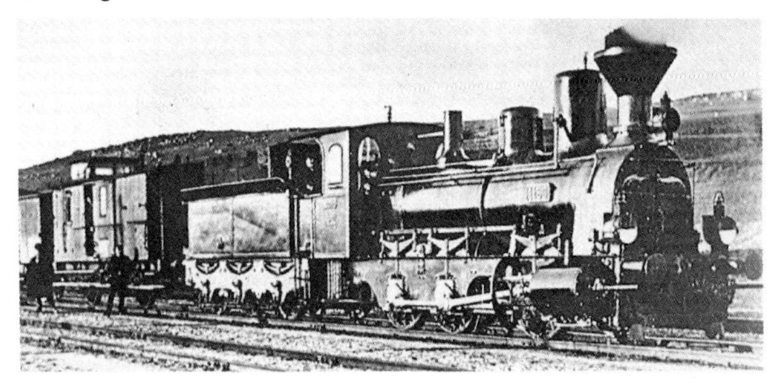

Baureihe 53^{78} (Bayer. Ostb. C, später C III)

Bauart	Cn2	Rostfläche	1,61/1,67/1,78 m^2
Treib- und Kuppelrad-⌀	1220/1255/1274 mm	Verdampfungsheizfläche	139,5/116/105 m^2
Laufrad-⌀ vorn	– mm	Überhitzerheizfläche	– m^2
Laufrad-⌀ hinten	– mm	Zylinder-⌀	482 mm
Länge über Puffer	14115 mm	Kolbenhub	610 mm
Höchstgeschwindigkeit	45 km/h	Achslast max.	11,6–12,0 Mp
Leistung	– PSi	Lokreibungslast	35/36/37 Mp
Kesselüberdruck	8, 9, 10 kp/cm^2	Lokdienstlast	35/36/37 Mp

Erstes Baujahr: 1867

Tender: 3 T 9/9,5

Der mehr und mehr an Bedeutung zunehmende Güterzugverkehr auf der Ostbahn veranlaßte die Verwaltung, reine C-gekuppelte Lokomotiven bauen zu lassen. Bis 1875 wurden 52 Lokomotiven in fünf Serien geliefert. Sie erhielten größere Rost- und Heizflächen gegenüber ihren Vorgängerinnen. Der Antrieb wurde von der letzten auf die Mittelachse gelegt. Die Steuerung war innen, erstmalig wurde die Allan-Steuerung angewandt. Die Loks hatten noch Außenrahmen; neu waren jetzt Dampfstrahlpumpen statt Fahrpumpen. Diese Lokomotivgattung bewährte sich sehr gut. Bei der Bayerischen Staatsbahn erhielten sie die Bezeichnung C III. Im Jahre 1905 waren noch alle, 1920 noch 49, bei der Umzeichnung 1923 noch 38 Stück vorhanden, die die Nummer 53^{78} erhielten; sie wurden aber 1925 nicht mehr übernommen. Von der C-Gattung der Ostbahn gingen 1919 drei Loks als Reparationsleistung nach Belgien.

Betriebsnummern: 53 7834–68

Güterzugtenderlokomotive

Baureihe 88^{70} (Bayer. Ostb. D, später D IV)

Bauart	Bn2	Rostfläche	1,05/1,1 m^2
Treib- und Kuppelrad-Ø	1220/1255/1274 mm	Verdampfungsheizfläche	72,5/65,5 m^2
Laufrad-Ø vorn	– mm	Überhitzerheizfläche	– m^2
Laufrad-Ø hinten	– mm	Zylinder-Ø	349/356 mm
Länge über Puffer	7680 mm	Kolbenhub	508 mm
Höchstgeschwindigkeit	45, 50 km/h	Achslast max.	– Mp
Leistung	– PSi	Lokreibungslast	24/27,5 Mp
Kesselüberdruck	7/8 kp/cm^2	Lokdienstlast	24/27,5 Mp

Erstes Baujahr: 1867

Die ersten B-gekuppelten Rangierlokomotiven D 1–2 wurden 1867 in Dienst gestellt. Durch ihren großen Treibraddurchmesser galten sie auch als Personenzuglokomotiven. Sie hatten Innenrahmen mit äußerer Allan-Steuerung. Sie waren doppelt so schwer wie die Lokomotiven der Deggendorfer Bahn, die ebenfalls unter der Gattung D – später D II – liefen. Im Jahre 1870 kamen weitere drei Stück mit vergrößerten Wasserkästen hinzu, 1870/72 folgten nochmals sieben Stück. Nach der Verstaatlichung durch die Bayerische Staatsbahn erhielten die Lokomotiven die Gattungsbezeichnung D IV. Alle zwölf Lokomotiven erlebten noch den Übergang auf die Deutsche Reichsbahn im Jahre 1923, wurden jedoch Mitte der zwanziger Jahre ausgemustert bzw. verkauft.

Betriebsnummern: 88 7021–26

Güterzugtenderlokomotive

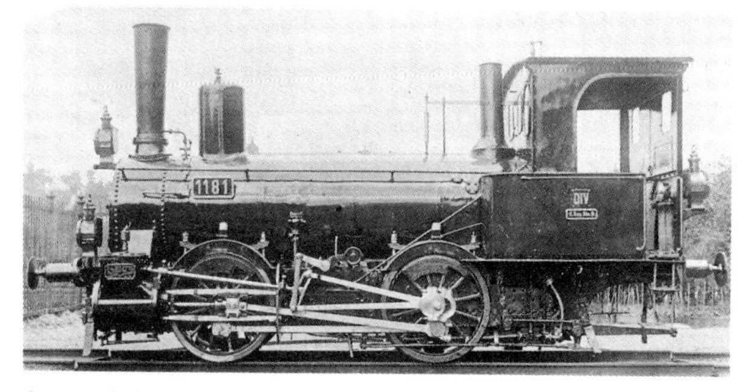

Gattung D Bayer. Ostb. (später D II)

Bauart	Bn2	Rostfläche	0,45 m²
Treib- und Kuppelrad-∅	1024 mm	Verdampfungsheizfläche	22,5 m²
Laufrad-∅ vorn	– mm	Überhitzerheizfläche	– m²
Laufrad-∅ hinten	– mm	Zylinder-∅	233 mm
Länge über Puffer	5820 mm	Kolbenhub	680 mm
Höchstgeschwindigkeit	45 km/h	Achslast max.	– Mp
Leistung	– PSi	Lokreibungslast	11,5 Mp
Kesselüberdruck	7 kp/cm²	Lokdienstlast	11,5 Mp

Erstes Baujahr: 1866

Die Plattling-Deggendorfer Eisenbahn erwarb für ihre kurze Stichbahn von Maffei zwei zierliche B-Tenderlokomotiven mit den Namen „Deggendorf" und „Bayerischer Wald". Sie waren die ersten Ostbahn-Lokomotiven mit Innenrahmen; sie hatten außenliegende Stephenson-Steuerung. Mit ihrem Dienstgewicht von 11,5 t – das ist die halbe Achslast einer Schnellzuglokomotive – war sie eine der leichtesten Lokomotiven der damaligen Zeit. Auch ihr Achsstand von 1835 mm war nicht viel größer als ihre Spurweite. Die Ostbahn übernahm die Lokomotiven im Jahre 1867 als E 1–2, dann D 13–14, später waren sie bei der Bayerischen Staatsbahn die Gattung D II. Um das Jahr 1895 wurden die Lokomotiven ausgemustert.

Betriebsnummern: –

Güterzuglokomotive

Gattung E Bayer. Ostb. (später B VII, dann B V)

Bauart	Bn2	Rostfläche	1,43 m²
Treib- und Kuppelrad-∅	1524/1545 mm	Verdampfungsheizfläche	106/98/91 m²
Laufrad-∅ vorn	– mm	Überhitzerheizfläche	– m²
Laufrad-∅ hinten	– mm	Zylinder-∅	419 mm
Länge über Puffer	13170 mm	Kolbenhub	610 mm
Höchstgeschwindigkeit	– km/h	Achslast max.	– Mp
Leistung	– PSi	Lokreibungslast	27/28/28,5 Mp
Kesselüberdruck	8/9 kp/cm²	Lokdienstlast	27/28/28,5 Mp

Erstes Baujahr: 1869

Tender: 2 T 8

B-gekuppelte Lokomotiven mit Schlepptender wurden in Deutschland wenig gebaut. Nur durch die Schweizer Nordostbahn, Badische und Oldenburgische Staatsbahn wurden sie bekannter. Nachdem sich die Bayerische Staatsbahn zu sechs Lokomotiven der Gattung B VII mit dieser Achsanordnung entschlossen hatte, ließ die Ostbahn ein Jahr später zwei Lokomotiven als B-Kuppler bauen. Sie hatten einen Außenrahmen, 2achsige Tender (die einzigen, die die Ostbahn hatte), außenliegende Steuerung und Belpaire-Kessel. Anfangs liefen sie unter der Gattung E 1 und E 2; 1872, als die A-Nummernreihe frei wurde, wurden sie in A 1 und A 2 umgezeichnet. Später erhielten sie die Staatsbahnnummern 1001 und 1002. Die 1001 war noch im Jahr 1904 vorhanden, wurde aber kurz darauf aus dem Bestand gestrichen.

Betriebsnummern: –

Personenzuglokomotive

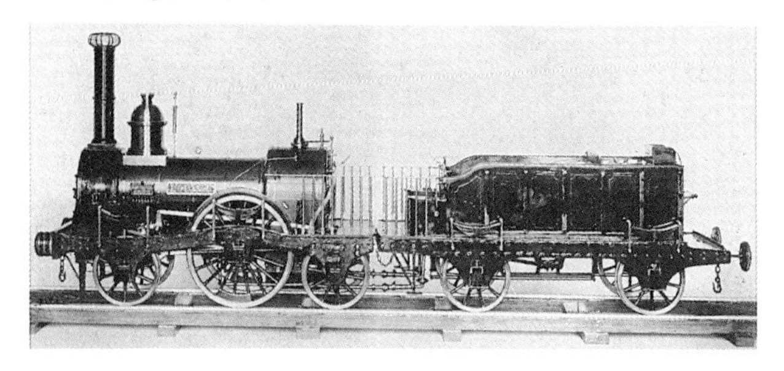

Gattung Ia (alt) bad. Breitspur

Bauart	1A1n2	Rostfläche	0,91 m²
Treib- und Kuppelrad-∅	1680 mm	Verdampfungsheizfläche	42,45 m²
Laufrad-∅ vorn	1070 mm	Überhitzerheizfläche	– m²
Laufrad-∅ hinten	1070 mm	Zylinder-∅	305 mm
Länge über Puffer	11310 mm	Kolbenhub	457 mm
Höchstgeschwindigkeit	– km/h	Achslast max.	8,5 Mp
Leistung	– PSi	Lokreibungslast	8,5 Mp
Kesselüberdruck	4,5 kp/cm²	Lokdienstlast	16,2 Mp

Erstes Baujahr: 1839

Tender: 2 T 4,05–4,32

Am 29. März 1838 beschloß der Eisenbahnlandtag im Großherzogtum Baden durch Gesetz den Bau der Eisenbahn von Mannheim über Karlsruhe nach Freiburg. Man wählte als Spurweite 1600 mm, auf Empfehlung Englands. Die ersten beiden Lokomotiven wurden im Jahre 1839 auf dem See- und Flußweg nach Baden befördert. Der erste Lieferant war die Fa. Sharp, die nach den beiden ersten Lokomotiven nochmals vier Stück, alle der Bauart „Patentee“ mit 1A1-Achsanordnung, lieferte. Die Badische Staatsbahn nahm ihren Betrieb am 12. September 1840 zwischen Mannheim und Heidelberg auf. Merkmale der Bauart waren der innere Plattenrahmen, der große Treibraddurchmesser von 1680 mm, Innensteuerung sowie Innenantrieb, offene Führerstandplattform und Stehkessel, die sich hinter der Treibachse und vor der hinteren festen Laufachse befanden. Nach der Umstellung auf Normalspur wurden die Lokomotiven in Tender- bzw. Crampton-Lokomotiven in Normalspur umgebaut.

Betriebsnummern: –

Personenzuglokomotive

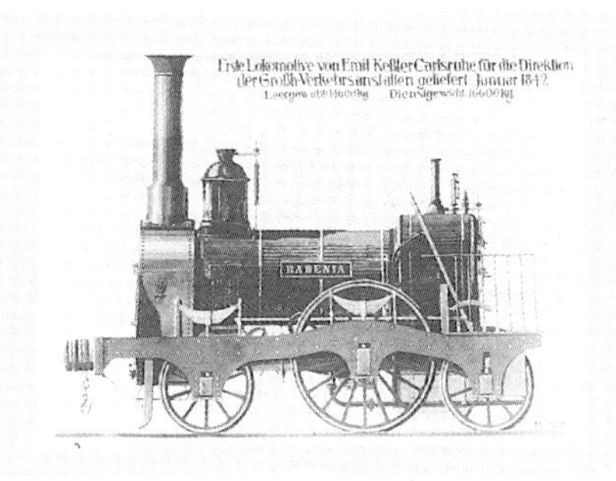

Gattung Ib (alt) bad. Breitspur

Bauart	1A1n2	Rostfläche	0,91 m²
Treib- und Kuppelrad-∅	1680 mm	Verdampfungsheizfläche	42,45 m²
Laufrad-∅ vorn	1070 mm	Überhitzerheizfläche	– m²
Laufrad-∅ hinten	1070 mm	Zylinder-∅	330 mm
Länge über Puffer	11310 mm	Kolbenhub	457 mm
Höchstgeschwindigkeit	– km/h	Achslast max.	8,5 Mp
Leistung	– PSi	Lokreibungslast	8,5 Mp
Kesselüberdruck	4,5 kp/cm²	Lokdienstlast	16,2 Mp

Erstes Baujahr: 1842

Tender: 2 T 5,4 und 3 T 5,4

Die neun Lokomotiven Nr. 7 bis 15 der Gattung Ib wurden als erste Lokomotiven der damaligen Fa. Keßler und Martiensen gebaut. Sie entsprachen denen der Fa. Sharp und wurden damals noch ohne Bestellung angefertigt. Die ersten hatten noch die anfällige Gabelsteuerung, wurden aber auf die belgische Cabry-Steuerung umgebaut, die sich gut bewährte. Die Nr. 15 erhielt die Meyersche Doppelschiebersteuerung. Bei allen Lokomotiven der damaligen Zeit hatte man Schwierigkeiten beim Anfahren, ebenso wie bei der Dampfentwicklung der Kessel. Alle Lokomotiven wurden auf 1435 mm umgespurt, die Nr. 15 sogar in eine Tenderlokomotive umgebaut. Die Nr. 15 wurde im Jahre 1867 ausgemustert, alle übrigen schon im Jahre 1863.

Betriebsnummern: –

Personenzuglokomotive

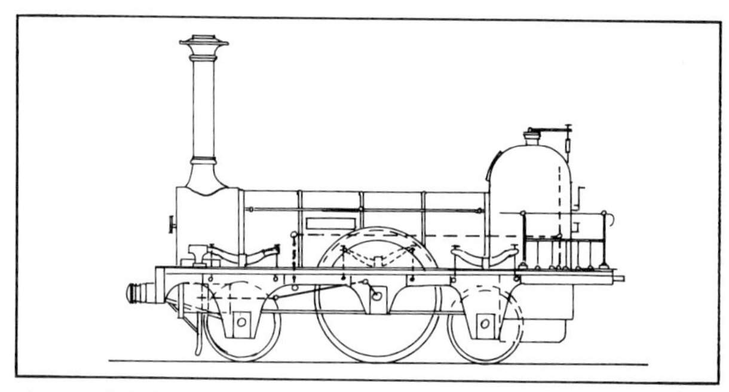

Gattung II (alt) bad. Breitspur

Bauart	1A1n2	Rostfläche	0,85 m^2
Treib- und Kuppelrad-∅	1730 mm	Verdampfungsheizfläche	67,89 m^2
Laufrad-∅ vorn	1070 mm	Überhitzerheizfläche	– m^2
Laufrad-∅ hinten	1070 mm	Zylinder-∅	356 mm
Länge über Puffer	– mm	Kolbenhub	508 mm
Höchstgeschwindigkeit	– km/h	Achslast max.	– Mp
Leistung	– PSi	Lokreibungslast	11,40 Mp
Kesselüberdruck	5,3 kp/cm^2	Lokdienstlast	18,7 Mp

Erstes Baujahr: 1843

Tender: 3 T 5,13–5,40

Diese Lokomotiven hatten Innenzylinder und Innenrahmen mit dem überhängenden Stehkessel der Bauart Stephenson, auch „Longboiler"-Ausführung genannt. Sie waren auch unter dem Namen „Neue Patentlokomotiven" bekannt. Der Stehkessel hatte als Oberteil eine Vierseitkuppel. Der innenliegende schmiedeeiserne Rahmen besaß angenietete Achsgabeln, war aber sehr schwach gehalten. Die Stephensonsche Bauart wies den längeren und überhängenden Langkessel auf, d.h. der Stehkessel befand sich hinter der dritten Achse, der Radstand wurde dabei nicht geändert. Eine Verbesserung wurde jedoch nicht erreicht. Bei der Umspurung erhielten die Lokomotiven Antrieb über Blindachse, Achsanordnung 2 A, Außenrahmen. Da sich der Umbau nicht bewährte, verschwanden sie Ende der sechziger, Anfang der siebziger Jahre.

Betriebsnummern: –

Personenzuglokomotive

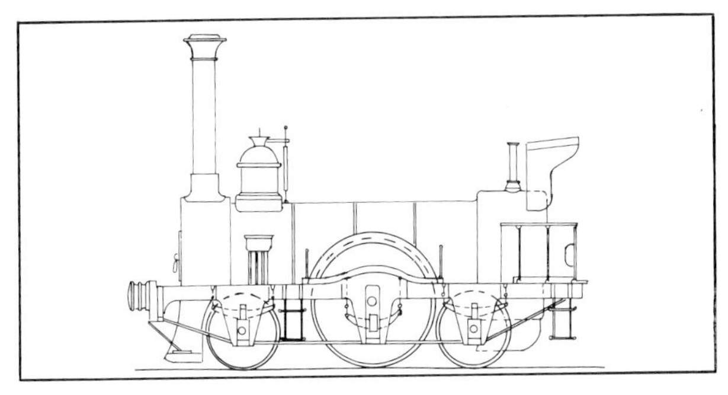

Gattung IIIa (alt) bad. Breitspur

Bauart	1A1n2	Rostfläche	0,85 m^2
Treib- und Kuppelrad-∅	1830 mm	Verdampfungsheizfläche	63,23 m^2
Laufrad-∅ vorn	1070 mm	Überhitzerheizfläche	– m^2
Laufrad-∅ hinten	1070 mm	Zylinder-∅	356 mm
Länge über Puffer	12040 mm	Kolbenhub	508 mm
Höchstgeschwindigkeit	– km/h	Achslast max.	– Mp
Leistung	– PSi	Lokreibungslast	– Mp
Kesselüberdruck	5,3 kp/cm^2	Lokdienstlast	19 Mp

Erstes Baujahr: 1844

Tender: 3 T 5,40

Der zunehmende Verkehr erforderte weitere Lokomotiven, so kam die Gattung III in drei verschiedenen Lieferungen hinzu. Zuerst die IIIa in fünf Exemplaren von Keßler, Karlsruhe, mit Innenzylinder, Außenrahmen und überhängendem Stehkessel. Sie hatten Treibräder mit 1830 mm Durchmesser, Longboiler-Kessel, Doppelrahmenbauart, die neue Expansionssteuerung mit Doppelschieber nach Meyer, Gabelsteuerung mit zwei Exzentern für jeden Zylinder. Der Kesselaufbau entsprach der Bauart Sharp. Die Lokomotiven erbrachten hohe Kilometerleistungen mit geringen Wartungskosten. Beim Umbau auf die Normalspur wurden an diesen Lokomotiven keine großen Veränderungen vorgenommen. Ein ähnlicher Umbau wie bei der Gattung II mit Blindwelle wurde nicht durchgeführt. Ausgemustert wurde die Gattung IIIa Mitte der sechziger Jahre.

Betriebsnummern: –

Personenzuglokomotive

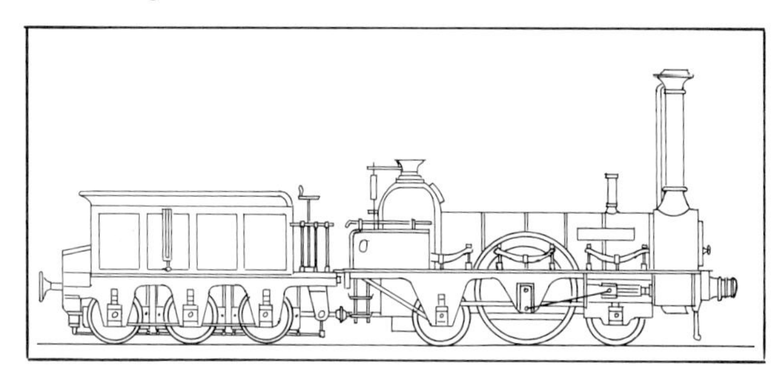

Gattung IV (alt) bad. Breitspur

Bauart	1A1n2	Rostfläche	0,74 m²
Treib- und Kuppelrad-∅	1830 mm	Verdampfungsheizfläche	80,79 m²
Laufrad-∅ vorn	1070 mm	Überhitzerheizfläche	– m²
Laufrad-∅ hinten	1070 mm	Zylinder-∅	330 mm
Länge über Puffer	12365 mm	Kolbenhub	610 mm
Höchstgeschwindigkeit	– km/h	Achslast max.	– Mp
Leistung	– PSi	Lokreibungslast	– Mp
Kesselüberdruck	5,3 kp/cm²	Lokdienstlast	20,6 Mp

Erstes Baujahr: 1845

Tender: 3 T 5,40

Erstmals wurden fünf Lokomotiven von der Fa. Stephenson, England, mit Außenzylindern, Innensteuerung, Innenrahmen und überhängendem Stehkessel beschafft. Die Rostfläche war sehr klein, dafür gab es einen langen Kessel, der eine verhältnismäßig große Rohrheizfläche ergab. Der Verdampfungsraum war sehr klein, was bewirkte, daß die Lokomotiven spuckten. Im allgemeinen waren die Lokomotiven gut zugänglich. Durch den kurzen Achsstand „nickten" die Lokomotiven. Beim Umbau auf Normalspur sollten die Lokomotiven ursprünglich in die Achsanordnung 1B umgebaut werden, da sie aber von Anfang an als Regelspurbauart vorgesehen waren, wurden sie nur umgespurt, ohne jegliche sonstige Änderung. Ausgeschieden sind diese Lokomotiven Ende der sechziger Jahre. Eine wurde bei der ersten badischen Umzeichnung 1868 als IIb alt übernommen.

Betriebsnummern: –

Güterzuglokomotive

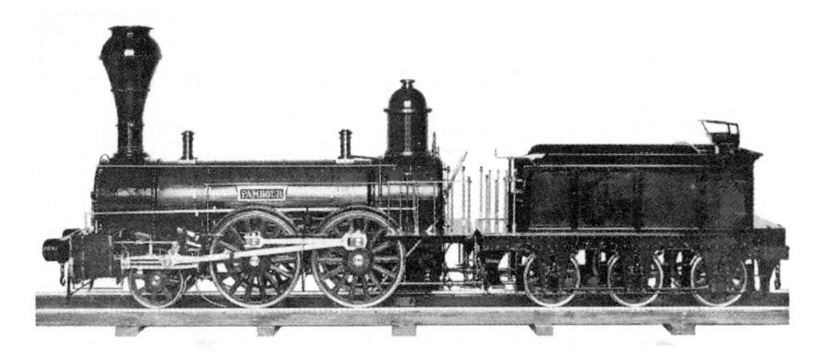

Gattung V (alt) bad. Breitspur

Bauart	1Bn2	Rostfläche	0,94 m^2
Treib- und Kuppelrad-Ø	1524 mm	Verdampfungsheizfläche	75,84 m^2
Laufrad-Ø vorn	914 mm	Überhitzerheizfläche	– m^2
Laufrad-Ø hinten	– mm	Zylinder-Ø	356 mm
Länge über Puffer	12550 mm	Kolbenhub	610 mm
Höchstgeschwindigkeit	– km/h	Achslast max.	– Mp
Leistung	– PSi	Lokreibungslast	– Mp
Kesselüberdruck	5,3 kp/cm^2	Lokdienstlast	21,2 Mp

Erstes Baujahr: 1845

Tender: 3 T 5,40

Mit der Gattung V tauchten erstmals gekuppelte Lokomotiven in der badischen Lokomotivgeschichte auf. Sie hatten Außenzylinder, Innensteuerung, Innenrahmen und einen überhängenden Stehkessel. Gebaut wurden sie von I. Meyer, Mühlhausen. Mit dem Treibraddurchmesser von 1524 mm waren sie ausgesprochene Güterzuglokomotiven. Angetrieben wurde die zweite Kuppelachse mit einer gegabelten Treibstange in der sogenannten „Scherenanordnung". Bei einer Lok wurde die erste Kuppelachse angetrieben. Man verwendete nicht die Meyersche Steuerung, sondern die Kulisse von Stephenson. Bei der Umspurung wurde die Achsanordnung beibehalten, allerdings erhielten sie einen Außenrahmen mit der Hallschen Antriebsbauart und Ausführung. Angetrieben war nun bei allen Lokomotiven die erste Kuppelachse, wodurch das Treibstangenverhältnis verbessert wurde. Nach der Umspurung setzte man die Lokomotiven nur noch in Südbaden ein. Ausgeschieden sind sie Mitte der siebziger Jahre.

Betriebsnummern: –

Güterzuglokomotive

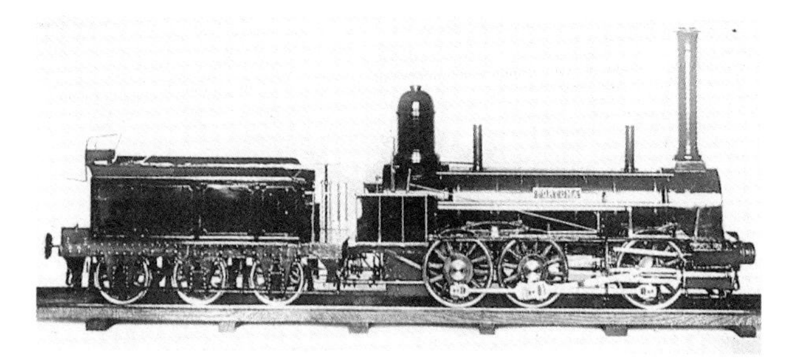

Gattung VI (alt) bad. Breitspur

Bauart	Cn2	Rostfläche	0,95 m^2
Treib- und Kuppelrad-∅	1220 mm	Verdampfungsheizfläche	80,75 m^2
Laufrad-∅ vorn	– mm	Überhitzerheizfläche	– m^2
Laufrad-∅ hinten	– mm	Zylinder-∅	356 mm
Länge über Puffer	12540 mm	Kolbenhub	610 mm
Höchstgeschwindigkeit	– km/h	Achslast max.	– Mp
Leistung	– PSi	Lokreibungslast	– Mp
Kesselüberdruck	7 kp/cm^2	Lokdienstlast	21,8 Mp

Erstes Baujahr: 1845

Tender: 3 T 5,40

Mit der Gattung VI kam eine weitere Lokomotive mit der Achsanordnung C. Sie hatte Außenzylinder, Innensteuerung, Innenrahmen und überhängenden Stehkessel. Es war die erste in Deutschland gebaute C-Lokomotive, eine Güterzuglokomotive der ersten Generation. Sie hatte den Stephensonschen Langkessel, einen eigentümlichen Schornstein in Form einer großen Birne mit Funkenapparat. Der Stehkessel war Bauart Keßler mit hohem Dampfdom, Steuerungsantrieb nach Stephenson innen, sehr lange Treibstangen; die Kreuzkopfführung hatte vier Lineale, der Achsstand war ungleichseitig. Beim Umspuren erfuhren die Lokomotiven eine Gleichstellung mit der Gattung V mit Achsanordnung 1B, jedoch mit Außenrahmen, Aufsteckkurbeln. Durch diese Änderung verloren die Lokomotiven ihr charakteristisches Äußeres. Eingesetzt waren sie überwiegend in Nordbaden. Ende der sechziger Jahre wurden sie ausgemustert.

Betriebsnummern: –

Personenzuglokomotive

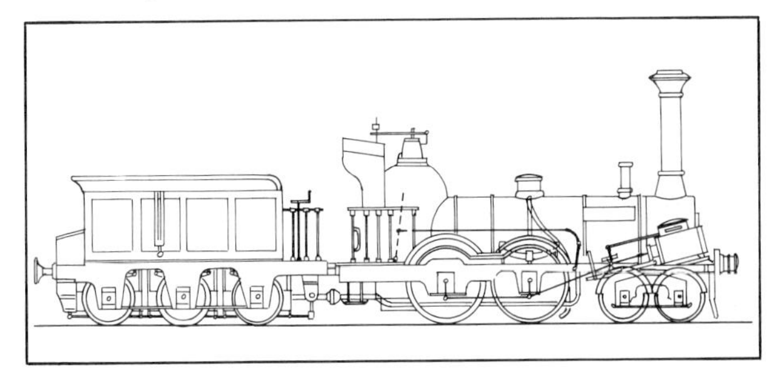

Gattung VII (alt) bad. Breitspur

Bauart	2'Bn2	Rostfläche	0,87 m^2
Treib- und Kuppelrad-⌀	1410 mm	Verdampfungsheizfläche	74,30 m^2
Laufrad-⌀ vorn	864 mm	Überhitzerheizfläche	– m^2
Laufrad-⌀ hinten	– mm	Zylinder-⌀	368 mm
Länge über Puffer	12680 mm	Kolbenhub	508 mm
Höchstgeschwindigkeit	– km/h	Achslast max.	– Mp
Leistung	– PSi	Lokreibungslast	– Mp
Kesselüberdruck	5,3 kp/cm^2	Lokdienstlast	19,6 Mp

Erstes Baujahr: 1845

Tender: 3 T 5,40

Die Gattung VII brachte wieder eine neue Achsanordnung nach Baden. Die Lokomotiven wurden von der Fa. Norries, Philadelphia, geliefert. Drehgestell-Lokomotiven dieser Bauart waren auch in Württemberg anzutreffen. Sie hatten einen überhängenden Stehkessel mit Rundkuppel und Hufeisenbüchse, sog. Burg-Kessel, schräge Außenzylinder mit darauf befindlichen Schieberkästen, innenliegenden Barrenrahmen, Stephenson-Steuerung mit Exzentern innen. Die Kuppelstangen hatten einen runden Schaft. Neu war auch ein Sanddom. Bei der Umspurung wurde der Achsstand geändert, um eine bessere Zugkraft zu erhalten. Die zweite Kuppelachse wurde um 110 mm nach vorne verschoben, der Barrenrahmen wurde mit einem Blechrahmen kombiniert, die Zylinder blieben in der alten Lage. Beliebt waren diese Lokomotiven beim Personal nicht. Sie wurden noch in die neue Gattungsbezeichnung Vc im Jahre 1868 übernommen, ehe sie Ende der siebziger Jahre ausgemustert wurden.

Betriebsnummern: –

Personenzuglokomotive

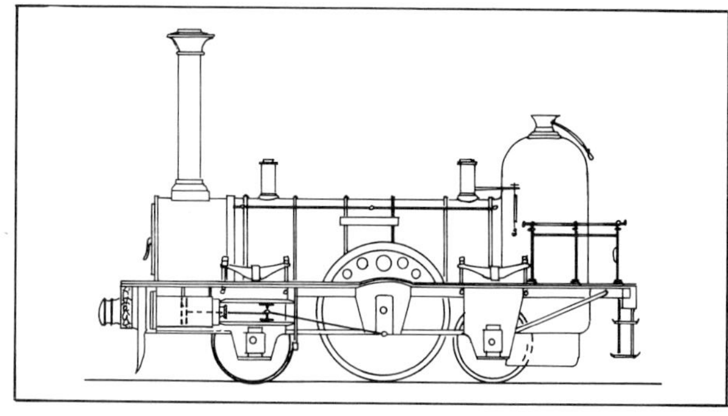

Gattung VIII (alt) bad. Breitspur

Bauart	1A1n2	Rostfläche	„ m²
Treib- und Kuppelrad-Ø	1830 mm	Verdampfungsheizfläche	72,82 m²
Laufrad-Ø vorn	1070 mm	Überhitzerheizfläche	– m²
Laufrad-Ø hinten	1070 mm	Zylinder-Ø	330 mm
Länge über Puffer	12860 mm	Kolbenhub	610 mm
Höchstgeschwindigkeit	– km/h	Achslast max.	– Mp
Leistung	– PSi	Lokreibungslast	– Mp
Kesselüberdruck	7 kp/cm²	Lokdienstlast	21,1 Mp

Erstes Baujahr: 1847

Tender: 3 T 5,40

Die Gattung VIII war die letzte Lokomotivbauart der badischen Breitspurzeit. Sie war eine Modetype ähnlich der Gattung IV, der sie mit Außenzylinder, Innenrahmen und dem überhängenden Stehkessel entsprach. Die Treibräder hatten einen Durchmesser von 1830 mm. Die Maschine war von vornherein „konvertibel" gebaut, d.h. sie war so konstruiert, daß sie ohne Schwierigkeiten auf Normalspur umgebaut werden konnte. Die letzte Breitspurlokomotive Nr. 66 war ein Außenseiter, von einer Heidelberger Firma ohne Bestellung gebaut und von Keßler in Karlsruhe dann fertiggestellt. Bei der Umspurung wurde die Lokomotive in Achsanordnung 1B umgebaut. Im Jahre 1868/69 wurde die Lokomotive erneut umgebaut, und zwar in eine Tenderlokomotive mit Satteltank in rechteckiger Form nach englischem Stil. Ausgeschieden ist die Lokomotive Ende der siebziger bzw. Anfang der achtziger Jahre.

Betriebsnummern: –

Lokalbahnlokomotive

Gattung Ia bad.

Bauart	Bn2	Rostfläche	0,71 m^2
Treib- und Kuppelrad-∅	1230 mm	Verdampfungsheizfläche	49,49 m^2
Laufrad-∅ vorn	– mm	Überhitzerheizfläche	– m^2
Laufrad-∅ hinten	– mm	Zylinder-∅	280 mm
Länge über Puffer	7070 mm	Kolbenhub	540 mm
Höchstgeschwindigkeit	45 km/h	Achslast max.	14,16 Mp
Leistung	– PSi	Lokreibungslast	22,90 Mp
Kesselüberdruck	8 kp/cm^2	Lokdienstlast	22,90 Mp

Erstes Baujahr: 1866

Für die 4 km lange Stichbahn Lahr – Dinglingen wurden bei deren Bau 1865 zwei leichte Lokalbahnlokomotiven beschafft. Sie hatten einen Kessel der Bauart Crampton, der Dampfdom war auf der Langkesselmitte. Eigenartig war die Dampfentnahme: Im Kessel war ein Schlitzrohr, vom Regleraufsatz ging ein Rohr außerhalb entlang zu den Schiebern. Sie hatten einen Kastenrahmen, in dem sich die Wasservorratsbehälter befanden. Das Triebwerk hatte eine äußere Stephensonsche Steuerung mit Gegenkurbel, auf einer Steuerwelle sitzend. Im allgemeinen hatten sie den alten Karlsruher Stil. Umgebaut wurden sie mehrmals, so erhielten sie einen konischen Schornstein, Sanddom, Druckluftbremse, was ihr Aussehen veränderte. Ausgemustert wurden sie in den Jahren 1903 bzw. 1916.

Betriebsnummern: –

Personenzugtenderlokomotive

Gattung Ic bad.

Bauart	1Bn2	Rostfläche	0,84 m^2
Treib- und Kuppelrad-Ø	1235 mm	Verdampfungsheizfläche	39,98 m^2
Laufrad-Ø vorn	965 mm	Überhitzerheizfläche	– m^2
Laufrad-Ø hinten	– mm	Zylinder-Ø	260 mm
Länge über Puffer	8660 mm	Kolbenhub	450 mm
Höchstgeschwindigkeit	60 km/h	Achslast max.	11,76 Mp
Leistung	– PSi	Lokreibungslast	22,73 Mp
Kesselüberdruck	9 kp/cm^2	Lokdienstlast	29,81 Mp

Erstes Baujahr: 1880

Die strategische Bahn von Oberlauchringen nach Weizen war am Anfang als Stichbahn mit schwachem Verkehrsaufkommen vorgesehen. Daher wurden zunächst schwache Lokomotiven benötigt. Die Badische Staatsbahn beschaffte aus diesem Grund im Jahre 1880 drei leichte 1B-Lokomotiven. Sie hatten einen einfachen Kessel mit einem zweiteiligen Dampfdom, den badischen Zugregler; der Kessel war ein guter Dampferzeuger. Angetrieben wurde die zweite Kuppelachse. Die außenliegende Schwingensteuerung war Bauart Stephenson, die Loks hatten Blechrahmen, und zwischen den Achsen, innerhalb des Rahmens, befanden sich Wasserbehälter. Bis zur Einführung der Druckluftbremse waren die Lokomotiven mit der sogenannten Repressionsbremse ausgestattet. Nach dem Ausbau der strategischen Bahn kamen die Lokomotiven auf verschiedene Stichbahnen, ehe sie in den Jahren 1911 bis 1916 ausgemustert wurden.

Betriebsnummern: –

Personenzugtenderlokomotive

Gattung Id bad.

Bauart	1An2	Rostfläche	0,75 m^2
Treib- und Kuppelrad-∅	1235 mm	Verdampfungsheizfläche	31,07 m^2
Laufrad-∅ vorn	965 mm	Überhitzerheizfläche	– m^2
Laufrad-∅ hinten	– mm	Zylinder-∅	260 mm
Länge über Puffer	7190 mm	Kolbenhub	450 mm
Höchstgeschwindigkeit	60 km/h	Achslast max.	9,25 Mp
Leistung	– PSi	Lokreibungslast	11,80 Mp
Kesselüberdruck	9 kp/cm^2	Lokdienstlast	23,40 Mp

Erstes Baujahr: 1882

Mit der Einführung von Kleinzügen beschaffte die Badische Staatsbahn ebenfalls Omnibuslokomotiven, wie sie in Oldenburg und Hannover bereits vorhanden waren. Eine Lokomotive fuhr auf der 2,2 km langen Privatbahn Ettlingen Stadt-Hauptbahn. Sie hatten ein relativ hohes Dienstgewicht von 23,4 t bei 11,8 t Reibungsgewicht. Der Kessel war eine einfache Ausführung. Die Loks hatten eine außenliegende Stephenson-Steuerung mit geraden Flachschiebern und Blechrahmen; zwischen den Achsen befanden sich die Wasserbehälter. Später erhielten die Loks die Westinghouse-Druckluftbremse. Eingesetzt wurden sie auf verschiedenen badischen Stichbahnen. Im Jahre 1916 wurden alle ausgemustert.

Betriebsnummern: –

Güterzugtenderlokomotive

Gattung If bad.

Bauart	Bn2	Rostfläche	0,81 m^2
Treib- und Kuppelrad-∅	1080 mm	Verdampfungsheizfläche	54,02 m^2
Laufrad-∅ vorn	– mm	Überhitzerheizfläche	– m^2
Laurad-∅ hinten	– mm	Zylinder-∅	356 mm
Länge über Puffer	7920 mm	Kolbenhub	550 mm
Höchstgeschwindigkeit	40 km/h	Achslast max.	15 Mp
Leistung	– PSi	Lokreibungslast	29 Mp
Kesselüberdruck	12 kp/cm^2	Lokdienstlast	29 Mp

Erstes Baujahr: 1899

Die Mannheim-Rheinauer Hafenbahn beschaffte im Jahre 1899 für ihren Rangierdienst zwei Lokomotiven. Eine davon, die Nr. 3, wurde 1904 von der Badischen Staatsbahn als Gattung If übernommen. Die Lokomotive wies keine Besonderheiten auf. Sie hatte einen einfachen Kessel, ein außenliegendes Naßdampftriebwerk mit außenliegender Allan-Steuerung und nach vorn geneigten Flachschiebern. Außerdem hatte sie einen Blechrahmen; zwischen den Achsen befanden sich die Wasservorratsbehälter. Abgebremst wurde die Lok nur über eine Wurfhebelbremse. Durch das hohe Reibungsgewicht von 29 t war sie im Rangierdienst sehr leistungsfähig. Sie wurde im Jahre 1916 ausgemustert.

Betriebsnummern: –

Schnellzuglokomotive

Gattung IIa (alt) bad.

Bauart	2An2	Rostfläche	1,07 m^2
Treib- und Kuppelrad-Ø	2134 mm	Verdampfungsheizfläche	82,80 m^2
Laufrad-Ø vorn	1374/1220 mm	Überhitzerheizfläche	– m^2
Laufrad-Ø hinten	– mm	Zylinder-Ø	405 mm
Länge über Puffer	12648 mm	Kolbenhub	560 mm
Höchstgeschwindigkeit	75 km/h	Achslast max.	– Mp
Leistung	– PSi	Lokreibungslast	– Mp
Kesselüberdruck	7 kp/cm^2	Lokdienstlast	27,9 Mp

Erstes Baujahr: 1854

Tender: 3 T 5,62

In der Zeit, als die erste badische Crampton-Lokomotive in Auftrag gegeben wurde, war die Breitspur von 1600 mm noch vorhanden; folglich war sie für diese Spurweite entworfen. Gebaut wurde sie jedoch für die zu erwartende Normalspur in typisch süddeutscher Art: Außenrahmen mit Außenzylindern und Hallschen Exzenterkurbeln, überhängender Stehkessel hinter der Treibachse. In erster Linie sollten sie Güter- und Personenzüge befördern, was sich aber später änderte, mit der Einführung des Schnellzugdienstes im Jahre 1853 zwischen Mannheim und Haltingen. Die erste badische Crampton-Lokomotive war in ihrer technischen Konstruktion ein Fehlgriff. Alle Exemplare wurden umgebaut, als man ihre Fehler erkannte. Baden beschaffte allerdings bis zum Jahre 1863 insgesamt 29 Crampton-Lokomotiven in verschiedenen Ausführungsarten, teilweise sogar mit Drehgestell. Die letzte wurde im Jahre 1902 noch als Heizlokomotive registriert. Ein Nachbau, die Phoenix, ist heute im Verkehrsmuseum Nürnberg zu besichtigen.

Betriebsnummern: –

Schnellzuglokomotive

Gattung IIa (alt) bad.

Bauart	2An2	Rostfläche	0,98 m^2
Treib- und Kuppelrad-∅	1890 mm	Verdampfungsheizfläche	74,27 m^2
Laufrad-∅ vorn	1070 mm	Überhitzerheizfläche	– m^2
Laufrad-∅ hinten	– mm	Zylinder-∅	380 mm
Länge über Puffer	12465 mm	Kolbenhub	560 mm
Höchstgeschwindigkeit	75 km/h	Achslast max.	– Mp
Leistung	– PSi	Lokreibungslast	10,0 Mp
Kesselüberdruck	7 kp/cm^2	Lokdienstlast	25,2 Mp

Erstes Baujahr: 1856

Tender: 3 T 4,3

Als die Lokomotiven der Badischen Staatsbahn auf die Normalspur 1435 mm umgespurt wurden, stellte man bei den Nummern 1, 2 und 4 starke Verschleißerscheinungen fest. Die damalige Hauptwerkstätte Karlsruhe baute nun unter Verwendung einiger Teile drei neue Lokomotiven. Sie erhielten einen Crampton-Kessel, eine Stephensonsche Steuerung und Außenrahmen. Alle Achsen waren noch im Rahmen fest gelagert, das Führerhaus war, wie damals üblich, ein sogenanntes „Cab". Eingesetzt wurden alle auf der Hauptbahn zwischen Karlsruhe und Offenburg, später zwischen Karlsruhe und Mannheim. Sie wurden in den Jahren 1877 bis 1883 ausgemustert.

Betriebsnummern: –

Schnellzuglokomotive

Baureihe 36^{73} (bad. IIa)

Bauart	2'Bn2	Rostfläche	1,83 m^2
Treib- und Kuppelrad-Ø	1860 mm	Verdampfungsheizfläche	115,69 m^2
Laufrad-Ø vorn	1000/988 mm	Überhitzerheizfläche	– m^2
Laufrad-Ø hinten	– mm	Zylinder-Ø	435 mm
Länge über Puffer	15390 mm	Kolbenhub	610 mm
Höchstgeschwindigkeit	90 km/h	Achslast max.	14,80 Mp
Leistung	– PSi	Lokreibungslast	29,20 Mp
Kesselüberdruck	10 kp/cm^2	Lokdienstlast	46,80 Mp

Erstes Baujahr: 1888

Tender: 3 T 11,5

Für den internationalen Schnellzugverkehr, der über das badische Streckennetz führte, waren die Lokomotiven der Gattung IIIb zu schwach. Baden beschaffte in den Jahren 1888–1890 24 Lokomotiven, die allerdings eine Weiterentwicklung der Gattung III und in ihrer Ausführung noch bescheiden waren. Der vordere Überhang der Rauchkammer blieb, die Rostfläche war noch klein, wie auch die Heizfläche des Kessels. Immerhin erhielten sie ein Drehgestell zur besseren Führung, was auch von den damaligen Drehscheiben abhängig blieb. Vorhanden waren Belpaire-Kessel, außenliegende Stephensonsche Bogensteuerung sowie Hallsche Kurbeln und ein außenliegender Blechrahmen. Gefahren sind die Lokomotiven auf dem gesamten badischen Netz. Sie waren im Umzeichnungsplan der DRG 1923 unter der Nr. 36^{73} vorgesehen, wurden allerdings Mitte der zwanziger Jahre ausgemustert.

Betriebsnummern: 36 7301 – 3, 11 – 14, 21 – 23

Schnellzuglokomotive

Baureihe 36^{73} (bad. IIb)

Bauart	2'Bn2	Rostfläche	1,79 m²
Treib- und Kuppelrad-⌀	1860 mm	Verdampfungsheizfläche	118,05 m²
Laufrad-⌀ vorn	988 mm	Überhitzerheizfläche	– m²
Laufrad-⌀ hinten	– mm	Zylinder-⌀	457 mm
Länge über Puffer	15480 mm	Kolbenhub	610 mm
Höchstgeschwindigkeit	90 km/h	Achslast max.	14,40 Mp
Leistung	– PSi	Lokreibungslast	28,80 Mp
Kesselüberdruck	10 kp/cm²	Lokdienstlast	47,60 Mp

Erstes Baujahr: 1891

Tender: 3 T 12

Die Nachfolgerin der Lokomotiv-Gattung IIa war die IIb, allerdings ohne erkennbare Verbesserungen. Geändert wurden die Zylinderabmessungen; der Achsstand des Drehgestells wurde vergrößert sowie einige Kesselabmessungen. Von der Gattung IIb wurden im Jahre 1891/92 zehn Lokomotiven gebaut. In den Leistungen entsprachen sie der Gattung IIa. Bald standen die Lokomotiven der Gattung IIb im Schatten der neuen Gattung IIc, die im Jahre 1892 kam. Ausgemustert wurden sie Mitte der zwanziger Jahre, obwohl sie im Umzeichnungsplan der DRG 1923 enthalten waren.

Betriebsnummern: 36 7331 – 35

Schnellzuglokomotive

Gattung 36^{73} (bad. IIc)

Bauart	2'Bn2	Rostfläche	2,05 m^2
Treib- und Kuppelrad-Ø	2100 mm	Verdampfungsheizfläche	102,62 m^2
Laufrad-Ø vorn	990 mm	Überhitzerheizfläche	– m^2
Laufrad-Ø hinten	– mm	Zylinder-Ø	460 mm
Länge über Puffer	17055 mm	Kolbenhub	600 mm
Höchstgeschwindigkeit	110 km/h	Achslast max.	14,85 Mp
Leistung	– PSi	Lokreibungslast	29,60 Mp
Kesselüberdruck	12 kp/cm^2	Lokdienstlast	45,65 Mp

Erstes Baujahr: 1892

Tender: 2'2' T 15,3 T

Durch die starke linksrheinische Eisenbahnkonkurrenz sah sich die Badische Staatsbahn veranlaßt, eine leistungsfähige Schnellzuglokomotive zu beschaffen. Den Wettbewerb gewann die Elsässische Maschinenbaugesellschaft unter ihrem Chefkonstrukteur de Glehn. Er baute eine Schnellzuglokomotive der Achsanordnung 2B mit innenliegendem Triebwerk in typisch englischem Stil. Die ersten beiden Probelokomotiven hatten von Anfang an den gewünschten Erfolg in bezug auf Laufruhe und die Geschwindigkeit von 110 km/h bei einem Zuggewicht von 260 t, entsprechend 30 Achsen. Bis zum Jahre 1897 wurden weitere 21 Lokomotiven beschafft. Weitere zwölf Lokomotiven baute Hartmann in Chemnitz im Jahre 1900. Das Aussehen der Gattung IIc entsprach nicht dem süddeutschen Stil. Die Außenflächen waren glatt, die Treibräder groß, die Loks hatten die elegante englische Form. Neun Loks gingen im Jahre 1919 als Reparationslieferung an die französische ETAT. Im Umzeichnungsplan von 1923 war die Gattung unter der Nr. 36^{73} und 36^{11} vorgesehen.

Betriebsnummern: 36 7351, 7361–7371, 7381–82, 36 1101–1106

Schnellzuglokomotive

Baureihe 14^4 (bad. IId)

Bauart	2'B1'n4v
Treib- und Kuppelrad-Ø	2100 mm
Laufrad-Ø vorn	990 mm
Laufrad-Ø hinten	1200 mm
Länge über Puffer	20905/21015 mm
Höchstgeschwindigkeit	110 km/h
Leistung	– PSi
Kesselüberdruck	16 kp/cm^2

Rostfläche	3,87 m^2
Verdampfungsheizfläche	210 m^2
Überhitzerheizfläche	– m^2
Zylinder-Ø	2×335, 2×570 mm
Kolbenhub	620 mm
Achslast max.	16,7 Mp
Lokreibungslast	33,3 Mp
Lokdienstlast	75,7 Mp

Erstes Baujahr: 1902

Tender: 2'2' T 20

Durch die weitere Zunahme des Wagengewichts und die Notwendigkeit größerer Beförderungsleistungen sah sich die Badische Staatsbahn abermals veranlaßt, im Jahre 1902 weitere zwölf Schnellzuglokomotiven zu beschaffen, die bei der Fa. Maffei unter dem damaligen Konstrukteur Hammel und dem badischen Maschinenchef Courtin entstanden. Die neue Gattung IId war damals die größte Schnellzuglokomotive Europas, mit 2100 mm großen Treibrädern, Barrenrahmen, Breitfeuerbüchse mit hochliegendem Kessel. Das Triebwerk war eine Borries-Courtin-Ausführung, bei der der Zylinderblock vorne zwischen dem Drehgestell lag; angetrieben war die erste Achse. Der Aufbau und die Größe der Lokomotive ließen die badische „Atlantic" mächtig erscheinen. Sie war Wegbereiterin für Nachfolgerinnen wie die bayerische S $^2/_5$, S $^2/_6$ und S $^3/_6$ sowie die badische IVf und IVh. Diese Gattung versah lange Jahre ihren Dienst, denn sie war die schnellste Serien-Schnellzuglok mit 144 km/h Höchstgeschwindigkeit.

Betriebsnummern: 14 401–3, 451–4

Personenzuglokomotive

Gattung III bad.

Bauart	2'Bn2	Rostfläche	0,97 m^2
Treib- und Kuppelrad-⌀	1830 mm	Verdampfungsheizfläche	86,22 m^2
Laufrad-⌀ vorn	950 mm	Überhitzerheizfläche	– m^2
Laufrad-⌀ hinten	– mm	Zylinder-⌀	405 mm
Länge über Puffer	13327 mm	Kolbenhub	560 mm
Höchstgeschwindigkeit	60 km/h	Achslast max.	9,4 Mp
Leistung	– PSi	Lokreibungslast	16,0 Mp
Kesselüberdruck	7/8/9 kp/cm^2	Lokdienstlast	28,65 Mp

Erstes Baujahr: 1861

Tender: 2 T 6–8

Als Ende der 1850er Jahre keine passende Lokomotivbauart für den Personenzugdienst vorhanden war, beschaffte die Badische Staatsbahn bis zum Jahre 1875 in zehn Lieferungen 90 Lokomotiven mit der Achsanordnung 2B. In der Ausführung waren alle verschieden, entsprechend dem damaligen technischen Fortschritt. Die Lokomotiven sahen eigenartig aus mit dem hohen Kesselaufbau, dem kurzen Achsstand und dem zurückgesetzten Drehgestell, das wegen der damaligen Drehscheiben notwendig war. Die ersten fünf Serien hatten den Crampton-Kessel, alle anderen erhielten den Belpaire-Stehkessel. Einige waren mit der Riggenbachschen Gegendruckbremse ausgestattet. Die ab dem Jahre 1869 gebauten Lokomotiven wurden als IIIa geführt. Anfang der achtziger Jahre wurden die Lokomotiven umgebaut, so wurden aus der III die IIIa, die IIIa wurde zu IIIb. Alle Lokomotiven waren auf dem ganzen badischen Netz eingesetzt, auch auf der Schwarzwald- und Odenwaldbahn.

Betriebsnummern: –

Personenzuglokomotive

Gattung IVa bad.

Bauart	Bn2	Rostfläche	1,16 m^2
Treib- und Kuppelrad-∅	1675 mm	Verdampfungsheizfläche	87,34 m^2
Laufrad-∅ vorn	– mm	Überhitzerheizfläche	– m^2
Laufrad-∅ hinten	– mm	Zylinder-∅	435 mm
Länge über Puffer	13300 mm	Kolbenhub	610 mm
Höchstgeschwindigkeit	60 km/h	Achslast max.	14,0 Mp
Leistung	– PSi	Lokreibungslast	27,75 Mp
Kesselüberdruck	9 kp/cm^2	Lokdienstlast	41,20 Mp

Erstes Baujahr: 1866

Tender: 2 T 5,94

Zum ersten Lokomotivbeschaffungsprogramm des Jahres 1865 gehörten 24 zweiachsige Schlepptenderlokomotiven für gemischten Betriebsdienst. Die Ausführungen der einzelnen Reihen wichen im Aufbau voneinander ab. Die Reihe 1 erhielt einen Crampton-Kessel, einen eigenartigen Außenrahmen aus Doppel-T-Eisen, innenliegende Stephenson-Steuerung, Antrieb außen über Langhalskurbeln; im ganzen war der Stil französisch. Bei der Reihe 2 wurde das Triebwerk verbessert, und im Rahmen wurden nur noch Bleche verwendet. Die Reihe 3 wich von den andern ab: Sie erhielt Belpaire-Kessel, Steuerung und Zylinder badischer Bauart, Vollblechrahmen. Ab dem Jahre 1881 wurden alle Lokomotiven in B1-Tenderlokomotiven mit angestückeltem Rahmen umgebaut, bei der zweiten Umbauausführung erhielten alle Lokomotiven einen neuen Belpaire-Kessel, Aufbau und Ausführung im sogenannten Schröder-Stil. Die letzten Lokomotiven wurden um die Jahrhundertwende ausgemustert.

Betriebsnummern: –

Personenzuglokomotive

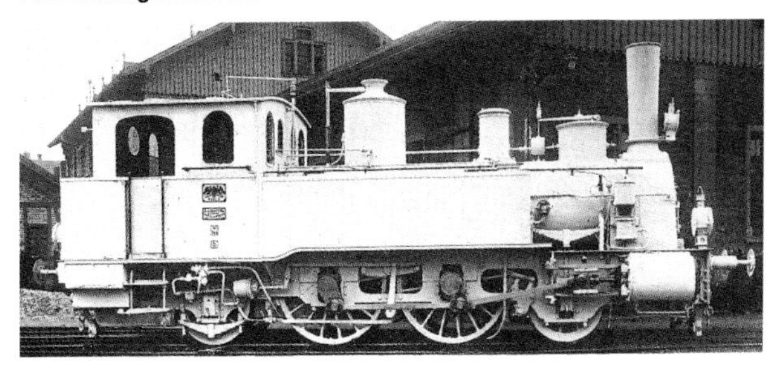

Gattung IVb bad.

Bauart	1Bn2	Rostfläche	1,53 m^2
Treib- und Kuppelrad-Ø	1675 mm	Verdampfungsheizfläche	110,97 m^2
Laufrad-Ø vorn	1075 mm	Überhitzerheizfläche	– m^2
Laufrad-Ø hinten	– mm	Zylinder-Ø	435 mm
Länge über Puffer	14200 mm	Kolbenhub	610 mm
Höchstgeschwindigkeit	60 km/h	Achslast max.	12,75 Mp
Leistung	– PSi	Lokreibungslast	25,50 Mp
Kesselüberdruck	9 kp/cm^2	Lokdienstlast	33,00 Mp

Erstes Baujahr: 1873

Tender: 2 T 6,75

Da die Lokomotiven der Gattung IIIa/IIIb für die Schwarzwaldbahn durch die rasch ansteigenden Zuggewichte zu schwach waren, entschloß sich der badische Maschinendirektor Bissinger, bei der Fa. Maffei 20 neue Lokomotiven bayerischen Stils bauen zu lassen. Die Lokomotiven erhielten einen großen Rost von 1,5 m^2, Doppelsicherheitsventil Ramsbottom, 1675 mm große Kuppelräder, Longboiler-Langkessel, der sich als schlecht erwies, außenliegendes Zweizylinder-Triebwerk, innenliegende Stephenson-Steuerung, äußere Doppelrahmen. Aufgrund der Mängel durch den Überhang und das geringe Reibungsgewicht wurden alle Lokomotiven ab dem Jahre 1888 bis 1892 in 1B1-Tenderlokomotiven umgebaut. Dabei erhielten sie neue badische Kessel und Druckluftbremsen. Alle anderen Bauteile wurden beibehalten. Nach ihrem Umbau wurden die Lokomotiven auf verschiedenen badischen Strecken eingesetzt. Zwischen 1901 und 1910 wurden alle Lokomotiven ausgemustert.

Betriebsnummern: –

Personenzuglokomotive

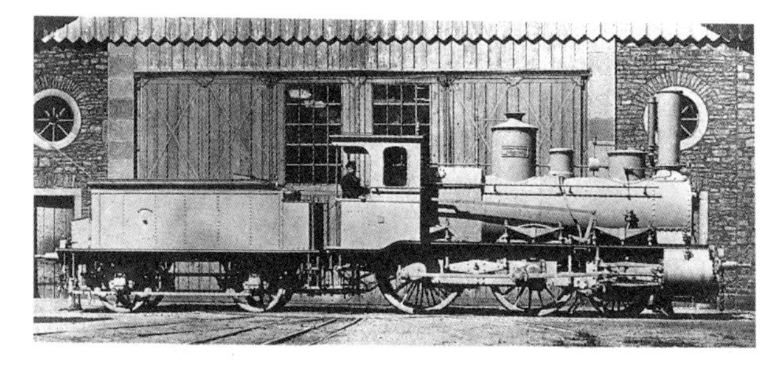

Gattung IVc bad.

Bauart	1Bn2	Rostfläche	1,47 m²
Treib- und Kuppelrad-Ø	1675 mm	Verdampfungsheizfläche	90,3 m²
Laufrad-Ø vorn	1075 mm	Überhitzerheizfläche	– m²
Laufrad-Ø hinten	– mm	Zylinder-Ø	435 mm
Länge über Puffer	14039 mm	Kolbenhub	610 mm
Höchstgeschwindigkeit	70 km/h	Achslast max.	13,7 Mp
Leistung	– PSi	Lokreibungslast	27,3 Mp
Kesselüberdruck	9 kp/cm²	Lokdienstlast	39,1 Mp

Erstes Baujahr: 1875

Tender: 2 T 8

Die badische Gattung IVc wurde bereits zwei Jahre nach Erscheinen der IVb als überarbeitete neue Gattung ohne den Stehkesselüberhang von 1875 bis 1888 in sieben Reihen mit insgesamt 59 Lokomotiven gebaut. Die Triebwerksabmessungen entsprachen der IVb, entfallen ist der Doppelrahmen, sie erhielten einen einfachen außenliegenden Blechrahmen. Das Reibungsgewicht wurde auf 27,3 t angehoben, trotz kleinerer Kesselabmessungen. Innerhalb der sieben Reihen gab es Unterschiede beim Radstand, in der Kesselhöhe und in den Dampfdomabmessungen. Die ersten Lokomotiven fuhren auf der Schwarzwaldbahn, alle übrigen wurden im ganzen Land eingesetzt. Ein Großteil der Gattung IVc erhielt sogenannte Rückwärtsführerhäuser, die sich auf dem Tender befanden, was teilweise durch fehlende Drehscheiben bedingt war. Die ersten Lokomotiven wurden im Jahre 1901, die letzten Anfang der zwanziger Jahre ausgemustert.

Betriebsnummern: –

Personenzugtenderlokomotive

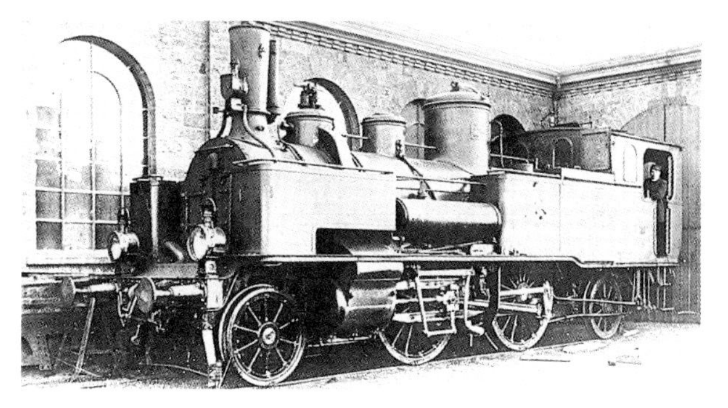

Baureihe 71^{70} (bad. IVd)

Bauart	1'B1'n2	Rostfläche	1,75 m²
Treib- und Kuppelrad-∅	1716 mm	Verdampfungsheizfläche	115,60 m²
Laufrad-∅ vorn	1109 mm	Überhitzerheizfläche	– m²
Laufrad-∅ hinten	1109 mm	Zylinder-∅	457 mm
Länge über Puffer	11038 mm	Kolbenhub	610 mm
Höchstgeschwindigkeit	80 km/h	Achslast max.	13,8 Mp
Leistung	– PSi	Lokreibungslast	27,4 Mp
Kesselüberdruck	10 kp/cm²	Lokdienstlast	53,9 Mp

Erstes Baujahr: 1891

Für die Schwarzwaldbahn waren die Lokomotiven der Gattung IVc durch die Erhöhung der Zuggewichte zu schwach. Daher entschloß sich der Maschinendirektor Bissinger zum Bau einer neuen leistungsfähigen 1'B1'-Tenderlokomotive, nach den Erfahrungen auf der Gotthardbahn. Die Lokomotiven wiesen verschiedene Verbesserungen auf, wie Innenrahmen mit Crampton-Kessel, Kipprost, Außentriebwerk mit Heusinger-Steuerung erstmals in Baden, Beseitigung des Zylinderüberhanges, im Gleisbogen einstellbare Laufachsen durch Keilflächenrückstellung, Westinghouse-Druckluftbremse sowie die Repressionsbremse. Eigenartig war die Unterbringung der Wasserkästen, weshalb Hammel von Maffei ihr den Spitznamen „Siebzehn-Wasserkästen-Maschine" gab. Die Lokomotive sollte bei 110 t Zuggewicht und 20‰ Steigung noch 35 km/h fahren. Die Lokomotiven fuhren auf der Schwarzwaldbahn nur fünf Jahre, danach verkehrten sie auf allen badischen Strecken.

Betriebsnummern: 71 7001–05

Personenzuglokomotive

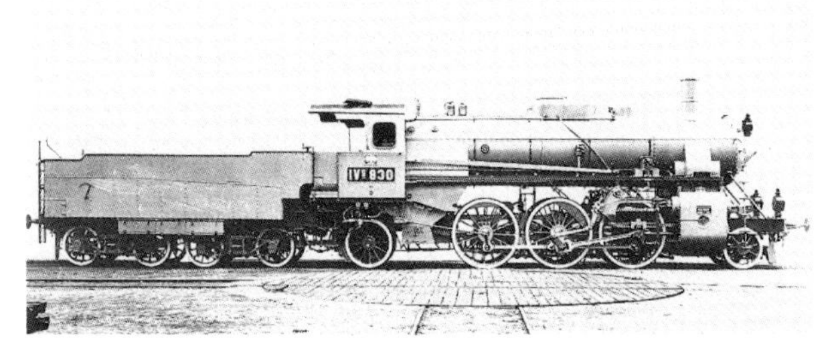

Gattung IVg bad.

Bauart	1'C1'‌t4v	Rostfläche	3,75 m²
Treib- und Kuppelrad-∅	1700 mm	Verdampfungsheizfläche	210 m²
Laufrad-∅ vorn	990 mm	Überhitzerheizfläche	43 m²
Laufrad-∅ hinten	1200 mm	Zylinder-∅	2×360, 2×590 mm
Länge über Puffer	19714 mm	Kolbenhub	640 mm
Höchstgeschwindigkeit	100 km/h	Achslast max.	15,6 Mp
Leistung	– PSi	Lokreibungslast	46,6 Mp
Kesselüberdruck	16 kp/cm²	Lokdienstlast	72,0 Mp

Erstes Baujahr: 1912

Tender: 2'2' T 15

Durch den stark zunehmenden Personenverkehr entschied sich Baden zum Bau einer leichten, schnell fahrenden Personenzuglokomotive der Präriebauart 1C1 mit einem Vierzylinder-Verbundtriebwerk. Dies ergab sich aus einem umfassenden Leistungsprogramm auf der Strecke Karlsruhe – Freiburg mit 440 t Wagengewicht und 70 km/h bei einer Steigung von 1:240. Die Lokomotive sollte 270 km bei 110 km/h mit Zwischenhalten durchfahren, was eine große Rostfläche erforderte. Die Lok wurde nach der bewährten Gattung VIIIe gebaut, mit Barrenrahmen, Dampftrockner, Achsdruck 15,4 t. Die Kessel wurden deshalb 2850 mm über die Schienenoberkante gelegt. Obwohl die Lokomotive sehr harmonisch und elegant aussah, hatte sie gravierende Mängel: Der Clench-Dampftrockner war überholt, die Adam-Achsen waren nachteilig, besser wäre ein Krauss-Helmholtz-Gestell gewesen. Man verstand es 1919 in Karlsruhe sehr geschickt, die fünf Lokomotiven als Reparationsleistung nach Frankreich abzugeben.

Betriebsnummern: –

Güterzuglokomotive

Gattung Va bad.

Bauart	1Bn2	Rostfläche	0,97 m²
Treib- und Kuppelrad-⌀	1524 mm	Verdampfungsheizfläche	99,74 m²
Laufrad-⌀ vorn	1070 mm	Überhitzerheizfläche	– m²
Laufrad-⌀ hinten	– mm	Zylinder-⌀	405 mm
Länge über Puffer	13637 mm	Kolbenhub	410 mm
Höchstgeschwindigkeit	40 km/h	Achslast max.	– Mp
Leistung	– PSi	Lokreibungslast	21,0 Mp
Kesselüberdruck	8 kp/cm²	Lokdienstlast	30,5 Mp

Erstes Baujahr: 1860

Tender: 3 T 5,4

Für die Strecken Karlsruhe – Pforzheim und Singen – Konstanz wurden in den Jahren 1860–1863 insgesamt 22 mittlere Güterzuglokomotiven beschafft. Durch ihre großen Treibräder wurden diese Lokomotiven auch für Schnell- und Personenzüge verwendet. Das Leistungsprogramm sah vor, von Karlsruhe nach Baden-Oos Züge von 350 t mit 37 km/h zu befördern. Der Entwurf der MBGK sah sogar eine Lokomotive mit Drehgestell vor, was aber nicht zur Ausführung kam. Dagegen kam der domlose Kessel auf, doch in Baden war diese Ausführung kurzlebig. Das betraf nur acht Lokomotiven der Reihe 1, alle anderen erhielten einen Dom. Durch die Außenrahmen lag die Steuerung sehr weit außen mit außenliegenden Hallschen Kurbeln. Im allgemeinen war die Gattung beim Fahrpersonal trotz verschiedener Mängel beliebt. Eingesetzt war sie auf der Hauptbahn wie auch im Odenwald. Im Jahre 1891 wurden die Loks noch umnumeriert, die ersten wurden 1883, die letzten im Jahre 1914 ausgemustert.

Betriebsnummern: –

Güterzugtenderlokomotive

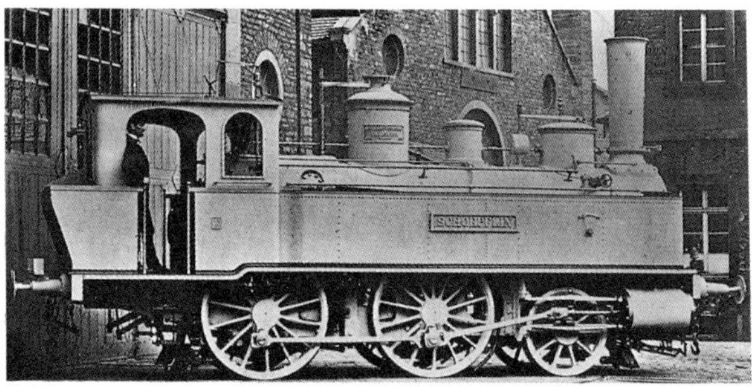

Gattung Vb bad.

Bauart	1Bn2	Rostfläche	1,17 m^2
Treib- und Kuppelrad-∅	1530 mm	Verdampfungsheizfläche	70,58 m^2
Laufrad-∅ vorn	1080 mm	Überhitzerheizfläche	– m^2
Laufrad-∅ hinten	– mm	Zylinder-∅	356 mm
Länge über Puffer	9051 mm	Kolbenhub	610 mm
Höchstgeschwindigkeit	70 km/h	Achslast max.	13,70 Mp
Leistung	– PSi	Lokreibungslast	27,30 Mp
Kesselüberdruck	9 kp/cm^2	Lokdienstlast	38,30 Mp

Erstes Baujahr: 1877

Die private Murgtalbahn beschaffte im Jahre 1877 acht 1B-Tenderlokomotiven, die dann von der Badischen Staatsbahn als Gattung Vb übernommen wurden. Abgesehen von der vorgesehenen Strecke waren sie bald auch auf anderen badischen Strecken zu finden. Sie hatten einen Crampton-Stehkessel, außenliegendes Triebwerk; angetrieben wurde die erste Achse. Innenliegende Stephenson-Steuerung mit gerade stehenden Flachschiebern, Blechrahmen. Die Treibräder mit 1530 mm Raddurchmesser waren verhältnismäßig groß. Zwischen 1911 und 1920 wurden die Lokomotiven ausgemustert.

Betriebsnummern: –

Personenzuglokomotive

Gattung VI bad.

Bauart	Cn2	Rostfläche	1,09 m^2
Treib- und Kuppelrad-⌀	1524 mm	Verdampfungsheizfläche	122,9 m^2
Laufrad-⌀ vorn	– mm	Überhitzerheizfläche	– m^2
Laufrad-⌀ hinten	– mm	Zylinder-⌀	457 mm
Länge über Puffer	14867 mm	Kolbenhub	685 mm
Höchstgeschwindigkeit	45 km/h	Achslast max.	12,5 Mp
Leistung	– PSi	Lokreibungslast	36,2 Mp
Kesselüberdruck	8/9 kp/cm^2	Lokdienstlast	36,2 Mp

Erstes Baujahr: 1864

Tender: 2 T 6–8

Mit dieser Gattung wurde in Deutschland eine Lokomotivtype mit großen Kuppelachsen ohne Führungsachse in Longboiler-Bauart mit vorderem und hinterem Überhang eingeführt. Der Feuerrost war verhältnismäßig klein. Die großen Treibräder führten zu geringer Umdrehungszahl, großem Kolbenhub und geringer Kolbengeschwindigkeit. Die Lokomotiven waren für die unterschiedlichen badischen Neigungsverhältnisse konzipiert. Insgesamt wurden von dieser Gattung zwischen 1864 und 1869 in vier Reihen 30 Lokomotiven gebaut. Eine dieser Lokomotiven, die „Kniebis", verursachte am 3. September 1882 in Hugstetten ein schweres Eisenbahnunglück. Innerhalb der vier Reihen gab es Unterschiede im Aufbau des Kessels, des Triebwerks sowie der Tender. Rekonstruktionen dieser Gattung wurden nicht vorgenommen. Die ersten wurden 1893 ausgemustert, die letzten etwa 1920. Im ganzen waren die Leistungen zufriedenstellend.

Betriebsnummern: –

Personenzugtenderlokomotive

Gattung VIa bad.

Bauart	1'Cn2	Rostfläche	2,0 m^2
Treib- und Kuppelrad-Ø	1480 mm	Verdampfungsheizfläche	118,95 m^2
Laufrad-Ø vorn	990 mm	Überhitzerheizfläche	– m^2
Laufrad-Ø hinten	– mm	Zylinder-Ø	410 mm
Länge über Puffer	11584 mm	Kolbenhub	600 mm
Höchstgeschwindigkeit	70/60 km/h	Achslast max.	15,8 Mp
Leistung	– PSi	Lokreibungslast	47,0 Mp
Kesselüberdruck	12 kp/cm^2	Lokdienstlast	59,6 Mp

Erstes Baujahr: 1900

Zu gleicher Zeit wurden zwei Tenderlokomotiven Gattung VIa und VIb beschafft. Sie unterschieden sich in der Achsanordnung und im Reibungsgewicht. Nach dem Erfolg der preußischen T 11 bzw. T 12, alle Achsanordnung 1C, wollte Baden Ähnliches beschaffen. Die Lokomotiven hatten einen Crampton-Kessel. Das Triebwerk war in Zweizylinder-Naßdampfausführung, angetrieben wurde die zweite Achse. Die 1C-Achsanordnung hatte durch die großen Treibräder von 1480 mm bei der Rückwärtsfahrt keine so sichere Führung und beanspruchte den Oberbau besonders. Sie blieb übrigens in Süddeutschland die einzige normalspurige 1C-Tenderlokomotive. Gefahren sind die Loks hauptsächlich zwischen Mannheim und Karlsruhe, teilweise auch nach Eberbach. Weitere Lokomotiven wurden nicht beschafft. Beide Lokomotiven wurden 1919 als Reparationsleistung an die AL abgegeben.

Betriebsnummern: –

Güterzuglokomotive

Gattung VIIb bad.

Bauart	Cn2	Rostfläche	1,04 m^2
Treib- und Kuppelrad-∅	1220 mm	Verdampfungsheizfläche	114,39 m^2
Laufrad-∅ vorn	– mm	Überhitzerheizfläche	– m^2
Laufrad-∅ hinten	– mm	Zylinder-∅	408 mm
Länge über Puffer	13418 mm	Kolbenhub	610 mm
Höchstgeschwindigkeit	45 km/h	Achslast max.	13,6 Mp
Leistung	– PSi	Lokreibungslast	32,6 Mp
Kesselüberdruck	7 kp/cm^2	Lokdienstlast	32,6 Mp

Erstes Baujahr: 1855

Tender: 2 T 8

Nach der Umstellung auf Normalspur fehlte es bei der starken Zunahme des Güterverkehrs an leistungsstarken Güterzuglokomotiven. Man wollte zuerst eine Crampton-Güterzuglokomotive, entschied sich jedoch für eine C-gekuppelte Bauart, nachdem man mit der C-gekuppelten Breitspurlokomotive der Gattung VI gute Erfahrungen gemacht hatte. Von dieser Gattung wurden in den Jahren von 1855 bis 1863 insgesamt 14 Lokomotiven in zwei Reihen beschafft. Der Crampton-Kessel mit zwei Domen sah eigenwillig aus. Die Rauchkammer hatte einen größeren Durchmesser als der Langkessel und war unten kastenförmig ausgebaut. Der Kamin hatte eine „Wasserkopfbauart". Die Steuerung hatte Gegenkurbeln. Aus den Abnahmeprotokollen geht hervor, daß die Lokomotiven mit 654 t Wagengewicht auf einer Steigung von 3,3‰ mit 23 km/h gefahren sind. In den Jahren 1870–1875 erhielten alle Lokomotiven neue Kessel mit Crampton-Regler. Die letzte Lokomotive wurde im Jahre 1910 ausgemustert.

Betriebsnummern: –

Güterzuglokomotive

Baureihe 53^{85} (bad. VIIc)

Bauart	Cn2	Rostfläche	1,47 m^2
Treib- und Kuppelrad-⌀	1262 mm	Verdampfungsheizfläche	123,86 m^2
Laufrad-⌀ vorn	– mm	Überhitzerheizfläche	– m^2
Laufrad-⌀ hinten	– mm	Zylinder-⌀	500 mm
Länge über Puffer	14842 mm	Kolbenhub	635 mm
Höchstgeschwindigkeit	40 km/h	Achslast max.	13,7 Mp
Leistung	– PSi	Lokreibungslast	40,3 Mp
Kesselüberdruck	12 kp/cm^2	Lokdienstlast	40,3 Mp

Erstes Baujahr: 1891

Tender: 2 T 8

Mit der Ablieferung der Reihe 17 der Gattung VIIa kamen im Jahre 1891 weitere vier Lokomotiven der Gattung VIIc, die sich von der Gattung VIIa nur durch einen größeren Zylinderdurchmesser und die größeren Treibräder mit 1262 mm ⌀ unterschieden. Die Geschwindigkeit betrug 40 km/h. Alle anderen Details entsprachen denen der Gattung VIIa. Sie wurden sowohl auf der Schwarzwaldbahn als auch im nordbadischen Raum eingesetzt. Drei Lokomotiven wurden in den vorläufigen Umnumerierungsplan von 1923 aufgenommen, aber Mitte der zwanziger Jahre ausgemustert.

Betriebsnummern: 53 8597–98 und 53 8587

Güterzuglokomotive

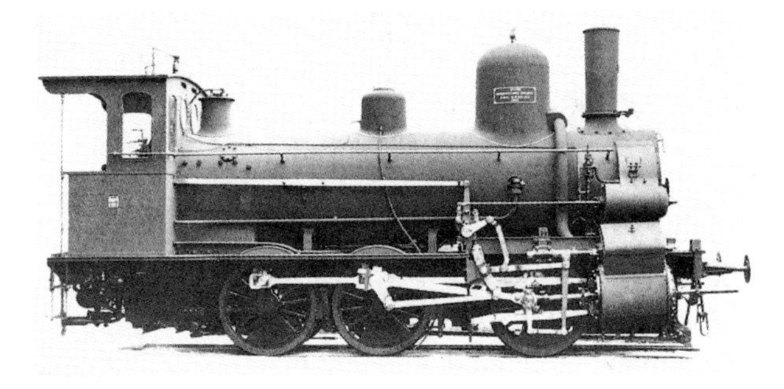

Baureihe 53^{86} (bad. VIId)

Bauart	Cn2v	Rostfläche	1,45 m^2
Treib- und Kuppelrad-Ø	1262 mm	Verdampfungsheizfläche	121,22 m^2
Laufrad-Ø vorn	– mm	Überhitzerheizfläche	– m^2
Laufrad-Ø hinten	– mm	Zylinder-Ø	500/700 mm
Länge über Puffer	14630 mm	Kolbenhub	635 mm
Höchstgeschwindigkeit	45 km/h	Achslast max.	15,3 Mp
Leistung	– PSi	Lokreibungslast	43,8 Mp
Kesselüberdruck	12 kp/cm^2	Lokdienstlast	43,8 Mp

Erstes Baujahr: 1893

Tender: 2 T 8,4–8,6 oder 3 T 13,5

Der Ruf nach einer leistungsfähigen Güterzuglokomotive blieb in Baden lange Zeit unbeantwortet, man setzte weiterhin auf die C-gekuppelte Lokomotivbauart. Das einzige, was blieb, war die zweizylindrige Verbundbauart. Die ersten beiden Lokomotiven der Gattung VIId waren mit dem Belpaire-Kessel der VIIa ähnlich, ab der Reihe 2 erhielten alle den Aufbau der Bauart Crampton. Die ersten Reihen hatten innenliegende Stephenson-Steuerung, ab der Reihe 3 kam die außenliegende Heusinger-Steuerung zur Anwendung. Insgesamt wurden von der Gattung VIId in den Jahren 1893 bis 1902 109 Lokomotiven in acht Reihen gebaut. Vom Dienstgewicht her war diese Lokomotive in C-Achsanordnung die schwerste ihrer Bauart. Was die bei Zweizylinder-Lokomotiven erforderlichen Anfahrvorrichtungen anbelangt, so hatte man zwei verschiedene, und zwar die von Gölsdorf sowie die Bauart Maffei. Sie wurden alle Mitte der zwanziger Jahre ausgemustert.

Betriebsnummern: 53 8601–65, 901–926

Güterzuglokomotive

Gattung VIIIa bad.

Bauart	Dn2	Rostfläche	2,0 m^2
Treib- und Kuppelrad-∅	1242 mm	Verdampfungsheizfläche	183,2 m^2
Laufrad-∅ vorn	– mm	Überhitzerheizfläche	– m^2
Laufrad-∅ hinten	– mm	Zylinder-∅	530 mm
Länge über Puffer	15585,5 mm	Kolbenhub	635 mm
Höchstgeschwindigkeit	35 km/h	Achslast max.	12,5 Mp
Leistung	– PSi	Lokreibungslast	52,4 Mp
Kesselüberdruck	9 kp/cm^2	Lokdienstlast	52,4 Mp

Erstes Baujahr: 1875

Tender: 3 T 11,5

Nach der Fertigstellung der Schwarzwaldbahn im Jahre 1873 fehlte eine geeignete, leistungsfähige Güterzuglokomotive. So wurde im Jahre 1875 eine D-gekuppelte Lokomotive in zwölf Stück beschafft. Sie waren die ersten deutschen Vierkuppler mit Innenrahmen. Äußerlich und in den Hauptabmessungen waren sie vergrößerte VIIa-Lokomotiven. Nach der Ablieferung stellte man sehr rasch fest, daß der lange Achsstand starken Verschleiß an Schienen und Spurkränzen mit sich brachte. Man kannte noch keine Seitenverschiebbarkeit der Achsen und Spurkranzschwächung. Die Lokomotiven hatten einen Crampton-Kessel, innenliegende Allan-Schwingensteuerung und einen innenliegenden Blechrahmen. Es war keine Gegendruckbremse für den Einsatz auf Rampenstrecken vorhanden. Später erhielten die erste und vierte Kuppelachse ein Seitenspiel von 12,5 mm und wurden wiederum auf der Schwarzwaldbahn eingesetzt, bis zum Erscheinen der Gattung VIIIc.

Betriebsnummern: –

Güterzuglokomotive

Gattung VIIIb bad.

Bauart	Dn2	Rostfläche	2,09 m²
Treib- und Kuppelrad-Ø	1295 mm	Verdampfungsheizfläche	107,82 m²
Laufrad-Ø vorn	– mm	Überhitzerheizfläche	– m²
Laufrad-Ø hinten	– mm	Zylinder-Ø	508 mm
Länge über Puffer	15855 mm	Kolbenhub	660 mm
Höchstgeschwindigkeit	45 km/h	Achslast max.	13,0 Mp
Leistung	– PSi	Lokreibungslast	50,8 Mp
Kesselüberdruck	10 kp/cm²	Lokdienstlast	50,8 Mp

Erstes Baujahr: 1882

Tender: 2 T 8,2

In den Jahren 1892–1894 beschaffte die Badische Staatsbahn nochmals englische Lokomotiven, die eigentlich für die norwegische Lofotenbahn und die schwedische Reichsgrenzenbahn vorgesehen waren. Baden erwarb zehn Stück, die Pfälzische Bahn sechs Stück, die dort unter der Gattung G 3 eingereiht wurden. Die Lokomotiven hatten einen inneren Blechrahmen, Crampton-Kessel (der Stehkessel war nicht überhängend), Außentriebwerk mit innerer Stephenson-Steuerung sowie einen zweiachsigen Tender. Durch das günstige Verhältnis von Rost zu Heizfläche gegenüber der VIIIa waren sie dieser in der Leistung ebenbürtig. Die Zugkraft der VIIIb war höher als die der VIIIa. Die VIIIb erhielten auch zusätzlich eine Druckluftbremse eingebaut, vier Lokomotiven erhielten später Ersatzkessel der Bauart der IVe-Lokomotiven. Mitte der zwanziger Jahre wurde sie ausgemustert.

Betriebsnummern: –

Güterzuglokomotive

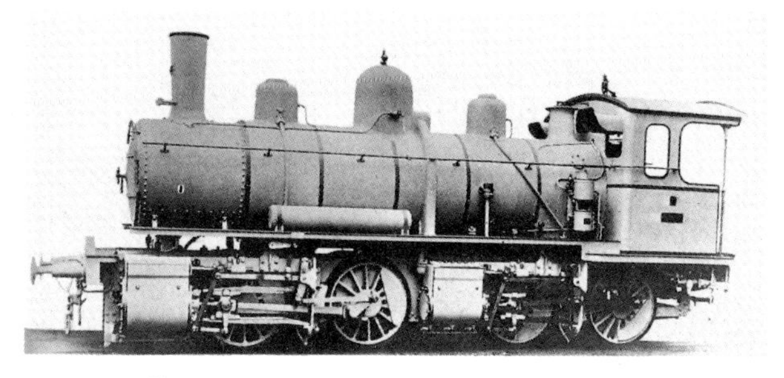

Baureihe 55^{61} (bad. VIIIc)

Bauart	B'Bn4v	Rostfläche	1,96 m²
Treib- und Kuppelrad-∅	1260 mm	Verdampfungsheizfläche	135,61 m²
Laufrad-∅ vorn	– mm	Überhitzerheizfläche	– m²
Laufrad-∅ hinten	– mm	Zylinder-∅	2×390, 2×600 mm
Länge über Puffer	16760 mm	Kolbenhub	600 mm
Höchstgeschwindigkeit	45 km/h	Achslast max.	14,5 Mp
Leistung	– PSi	Lokreibungslast	57,8 Mp
Kesselüberdruck	12 kp/cm²	Lokdienstlast	57,8 Mp

Erstes Baujahr: 1893

Tender: 3 T 13,5

Nachdem sich herausgestellt hatte, daß die Lokomotiven der Gattung VIIIa und VIIIb auf der Schwarzwaldbahn nicht die erforderliche Leistung erbrachten und daß die Bogenläufigkeit nicht ausreichte, baute die Fa. Grafenstaden neue Lokomotiven. Es wurden erstmals in Deutschland zwei normalspurige Mallet-Lokomotiven als Versuch gebaut und im Jahre 1894 abgeliefert. Die Lokomotiven erreichten allerdings nicht die Leistung der Gattung VIIIa und VIIIb, was daran lag, daß man darauf verzichtete, einen großen Kessel mit entsprechender Rost- und Kesselheizfläche zu bauen, was auf alle Mallet-Lokomotiven zutraf. Man war trotz der höheren Unterhaltungskosten und des unruhigen Laufes des vorderen Deichselgestells mit den Leistungen zufrieden. Insgesamt wurden bis zum Jahre 1900 in vier Reihen 32 Lokomotiven gebaut. Die Lokomotiven liefen hauptsächlich auf der Schwarzwaldbahn. Neun Lokomotiven gingen im Jahre 1919 als Reparationsleistung an die französische EST. Alle anderen Lokomotiven wurden im Jahre 1925 in 55^{61} umgezeichnet.

Betriebsnummern: 55 6101–19

Güterzugtenderlokomotive

Gattung VIIId bad. Bauart Hagans

Bauart	Dn2	Rostfläche	1,57 m^2
Treib- und Kuppelrad-Ø	1120 mm	Verdampfungsheizfläche	96,84 m^2
Laufrad-Ø vorn	– mm	Überhitzerheizfläche	– m^2
Laufrad-Ø hinten	– mm	Zylinder-Ø	420 mm
Länge über Puffer	10550 mm	Kolbenhub	550 mm
Höchstgeschwindigkeit	45 km/h	Achslast max.	13,6 Mp
Leistung	– PSi	Lokreibungslast	53,3 Mp
Kesselüberdruck	12 kp/cm^2	Lokdienstlast	53,3 Mp

Erstes Baujahr: 1900

Für besonders krümmungsreiche Strecken im nordbadischen Raum beschaffte die Badische Staatsbahn zwei Lokomotiven der Bauart Hagans. Diese Lokomotiven waren ähnlich den Preußischen Tenderlokomotiven T 13. Die badische hatte jedoch eine außenliegende Steuerung und einen Wasserkastenrahmen. Der Achsstand des Maschinendrehgestells betrug 1350 mm gegenüber 1700 mm bei der T 13. Die Lokomotiven waren am Anfang auf der Strecke Lauda – Wertheim eingesetzt, später im Raum Heidelberg bzw. Osterburken. Ausgemustert wurden beide Lokomotiven im Jahre 1915, ihre Schwesterlokomotive T 13 dagegen lief wesentlich länger.

Betriebsnummern: –

Kranlokomotive

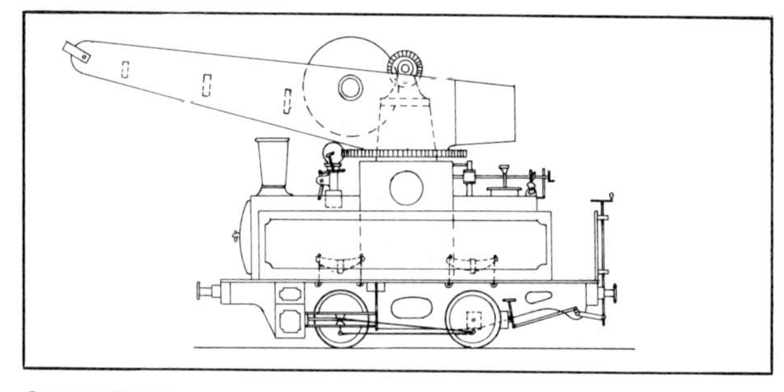

Gattung X bad.

Bauart	Bn2	Rostfläche	0,60 m^2
Treib- und Kuppelrad-∅	914 mm	Verdampfungsheizfläche	32,52 m^2
Laufrad-∅ vorn	– mm	Überhitzerheizfläche	– m^2
Laufrad-∅ hinten	– mm	Zylinder-∅	280 mm
Länge über Puffer	6470 mm	Kolbenhub	457 mm
Höchstgeschwindigkeit	– km/h	Achslast max.	– Mp
Leistung	– PSi	Lokreibungslast	28 Mp
Kesselüberdruck	– kp/cm^2	Lokdienstlast	28 Mp

Erstes Baujahr: 1895

Im Jahre 1895 wurde von der Fa. Andrew Barclay and Co. in Kilmarnock, England, eine zweiachsige Tender-Rangierlokomotive mit Kranausrüstung beschafft. Nach den Unterlagen der badischen Nachweisungen blieb die Lokomotive nur drei Jahre in deren Bestand und ist dann verschollen. Die Lokomotive hatte ein Zweizylinder-Triebwerk mit innenliegender Allan-Steuerung und kleine Raddurchmesser von 914 mm. Der Kranarm konnte nicht gehoben werden. Der Antrieb erfolgte über zwei getrennte, gegenläufige Dampfzylinder. Die Hebekraft dürfte bei ca. 3–5 t gelegen haben.

Betriebsnummern: –

Güterzugtenderlokomotive

Gattung Xa bad.

Bauart	Cn2	Rostfläche	1,51 m^2
Treib- und Kuppelrad-∅	1160 mm	Verdampfungsheizfläche	94,29 m^2
Laufrad-∅ vorn	– mm	Überhitzerheizfläche	– m^2
Laufrad-∅ hinten	– mm	Zylinder-∅	430 mm
Länge über Puffer	9140 mm	Kolbenhub	600 mm
Höchstgeschwindigkeit	45 km/h	Achslast max.	15,0 Mp
Leistung	– PSi	Lokreibungslast	43,8 Mp
Kesselüberdruck	12 kp/cm^2	Lokdienstlast	43,8 Mp

Erstes Baujahr: 1898

Die Rheinauer Hafenbahn Mannheim beschaffte von 1898 bis 1901 sechs Rangierlokomotiven der Achsanordnung C. Die Lokomotiven führten außerdem Güterzugübergabefahrten zur badischen Hauptbahn durch. Im Jahre 1904 übernahm die Badische Staatsbahn alle sechs Lokomotiven und reihte sie in die Gattung Xa ein. In der Ausführung waren sie den preußischen T 3 ähnlich, jedoch hatten sie ein hohes Reibungsgewicht von 36 t, das wesentlich über dem der T 3 lag. Alle sechs Lokomotiven wurden 1925 von der DRG übernommen und unter den Nummern 89 501–506 weitergeführt. Bei der Rheinauer Hafenbahn hatten sie die Nummern 1, 2, 4, 5, 6 und 7.

Betriebsnummern: 89 501–6

Personenzuglokomotive

Klasse I (Württemberg)

Bauart	2'Bn2	Rostfläche	0,87 m^2
Treib- und Kuppelrad-∅	1530 mm	Verdampfungsheizfläche	~60,0 m^2
Laufrad-∅ vorn	~800 mm	Überhitzerheizfläche	– m^2
Laufrad-∅ hinten	– mm	Zylinder-∅	318 mm
Länge über Puffer	~10630 mm	Kolbenhub	635 mm
Höchstgeschwindigkeit	– km/h	Achslast max.	– Mp
Leistung	– PSi	Lokreibungslast	10 Mp
Kesselüberdruck	6,3 kp/cm^2	Lokdienstlast	16 Mp

Erstes Baujahr: 1845

Tender: 3 T

Zur Aufnahme des Eisenbahnbetriebs beschaffte die Württembergische Staatsbahn ihre ersten drei Lokomotiven mit der Achsanordnung 2B, die Württemberg lange Jahre treu blieben, von der Fa. Norris in Philadelphia/USA. Die Lokomotiven hatten einen runden Stehkessel, der sich zwischen den beiden Treibachsen befand, die Außenzylinder lagen schräg am vorderen Kessel über dem mit kurzem Radstand versehenen Drehgestell mit einer verstellbaren Expansionssteuerung. Auffallend war der schmale Führerstand, dessen Außenwände mit der Außenkante des Rahmens gleich waren, wodurch die Radbogen der zweiten Kuppelachse hinausragten. Man war mit den Leistungen zufrieden, und auch das Personal sprach sich lobend aus. Später wurden die Lokomotiven umgebaut und sind Mitte der siebziger Jahre ausgeschieden.

Betriebsnummern: –

Personenzuglokomotive

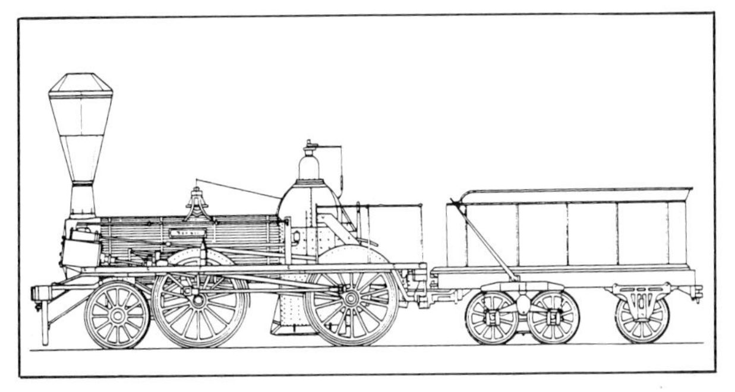

Klasse II (Württemberg)

Bauart	1Bn2	Rostfläche	0,75 m²
Treib- und Kuppelrad-∅	1530 mm	Verdampfungsheizfläche	~51,0 m²
Laufrad-∅ vorn	950 mm	Überhitzerheizfläche	– m²
Laufrad-∅ hinten	– mm	Zylinder-∅	318 mm
Länge über Puffer	~10600 mm	Kolbenhub	508 mm
Höchstgeschwindigkeit	– km/h	Achslast max.	4,5 Mp
Leistung	– PSi	Lokreibungslast	~9 Mp
Kesselüberdruck	6,3 kp/cm²	Lokdienstlast	14 Mp

Erstes Baujahr: 1845

Tender: 3 T

Die zweite württembergische Lokomotivgattung wurde ebenfalls aus Amerika beschafft, dieses Mal von der Fa. Baldwin, Philadelphia. Bei dieser Bauart befand sich der runde Stehkessel zwischen den beiden Treibachsen. Die beiden Außenzylinder saßen schräg am Langkessel, vorhanden war eine beliebig verstellbare Expansionssteuerung und ein Funkenfänger der Bauart Klein. Angetrieben wurde die zweite Kuppelachse, wodurch die Treibstange sehr lang war. Im allgemeinen war man mit diesen Lokomotiven nicht sonderlich zufrieden. Im Jahre 1854/56 wurden die Lokomotiven erstmals umgebaut, ehe sie an die Schweizerische Nordostbahn verkauft wurden.

Betriebsnummern: –

Personenzuglokomotive

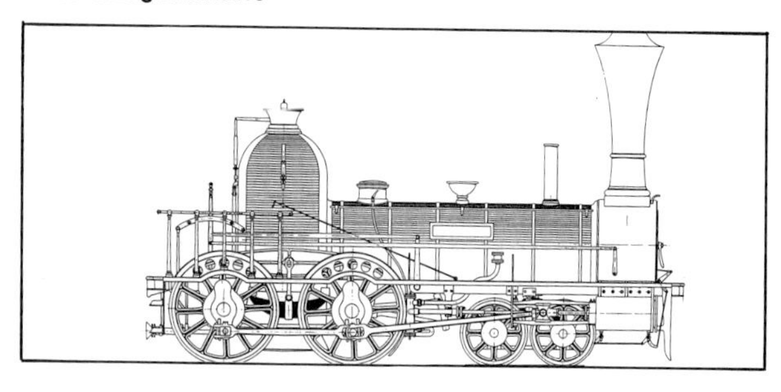

Klasse III (Württemberg)

Bauart	2'Bn2	Rostfläche	0,81 m^2
Treib- und Kuppelrad-∅	1372 mm	Verdampfungsheizfläche	59,06 m^2
Laufrad-∅ vorn	840 mm	Überhitzerheizfläche	– m^2
Laufrad-∅ hinten	– mm	Zylinder-∅	356 mm
Länge über Puffer	11 835 mm	Kolbenhub	559 mm
Höchstgeschwindigkeit	– km/h	Achslast max.	– Mp
Leistung	– PSi	Lokreibungslast	11 Mp
Kesselüberdruck	6,3 kp/cm^2	Lokdienstlast	22 Mp

Erstes Baujahr: 1846

Tender: ?

Im Jahre 1846 beschaffte die Württembergische Staatsbahn sechs Lokomotiven der Achsanordnung 2B erstmals von der Fa. Keßler Karlsruhe, weitere drei Lokomotiven im Jahr 1847 von der Fa. Maffei, die restlichen 37 Stück von der Maschinenfabrik Esslingen bis zum Jahre 1854. Es waren die ersten Keßlerschen Drehgestell-Lokomotiven mit einem hohen Vierseitkessel, schwach ovalem Langkessel, weit überhängenden, außenliegenden Zylindern, innenliegender Stephensonscher Howe-Steuerung mit gekrümmter Schwinge. Das Auffallendste war die gleichmäßige Lastverteilung auf Treib- und Laufachsen, was sich allerdings nachteilig auf das Reibungsgewicht auswirkte. In den siebziger Jahren wurden die Lokomotiven in B 3, T 4a, T 2 umgebaut. In den neunziger Jahren wurden sie ausgemustert.

Betriebsnummern: –

Güterzuglokomotive

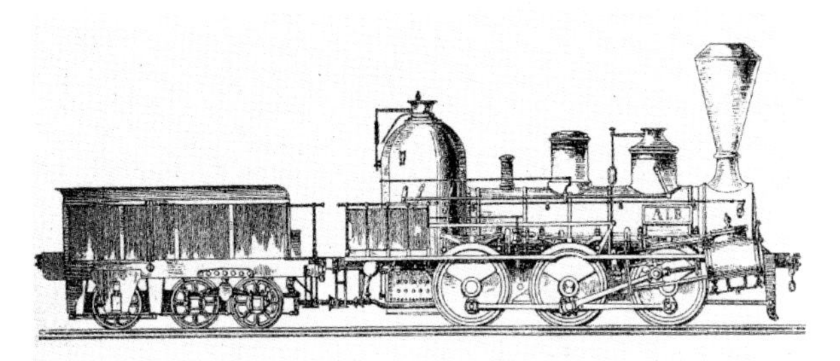

Klasse IV (Württemberg)

Bauart	Cn2	Rostfläche	0,90 m^2
Treib- und Kuppelrad-Ø	1230 mm	Verdampfungsheizfläche	97,0 m^2
Laufrad-Ø vorn	– mm	Überhitzerheizfläche	– m^2
Laufrad-Ø hinten	– mm	Zylinder-Ø	447 mm
Länge über Puffer	12066 mm	Kolbenhub	612 mm
Höchstgeschwindigkeit	– km/h	Achslast max.	11,5 Mp
Leistung	– PSi	Lokreibungslast	33,5 Mp
Kesselüberdruck	7 kp/cm^2	Lokdienstlast	33,5 Mp

Erstes Baujahr: 1849

Tender: 3 T

Für die Albüberquerung zwischen Geislingen und Ulm mit 1:45 Höchststeigung mußten Lokomotiven mit großer Zugkraft beschafft werden. Für diesen Zweck baute Keßler in Esslingen die sogenannte „Albmaschine", eine C-gekuppelte Lokomotive. Im Jahr 1849 wurden zunächst zwei Lokomotiven beschafft, drei weitere folgten 1851. Das erforderliche Reibungsgewicht wurde durch viel Gußeisen in allen Teilen erreicht. Der Kessel entsprach dem Keßlerschen Vierseitstehkessel und hatte einen massig wirkenden Regleraufsatz. Der Sattel unter der Rauchkammer war ebenfalls massiv, die Scheibenräder voll gegossen. Die Zylinder lagen außen schräg. Angetrieben wurde die zweite Achse, die Stephenson-Steuerung lag innen. Durch die starren Achsen wurde der Oberbau stark beansprucht. Die drei späteren Lokomotiven hatten keine Spurkränze. Weitere Lokomotiven wurden nicht beschafft, im Gegenteil: es wurden alle Lokomotiven in Fa, T 4a und T 2a, d.h. in zweifach gekuppelte Tenderlokomotiven mit Drehgestell umgebaut.

Betriebsnummern: –

Schnellzuglokomotive

Klasse A alt (Württemberg)

Bauart	2'Bn2	Rostfläche	0,89 m^2
Treib- und Kuppelrad-∅	1842 mm	Verdampfungsheizfläche	67,82 m^2
Laufrad-∅ vorn	930 mm	Überhitzerheizfläche	– m^2
Laufrad-∅ hinten	– mm	Zylinder-∅	381 mm
Länge über Puffer	~12955 mm	Kolbenhub	561 mm
Höchstgeschwindigkeit	– km/h	Achslast max.	7,18 Mp
Leistung	– PSi	Lokreibungslast	14,36 Mp
Kesselüberdruck	7 kp/cm^2	Lokdienstlast	27,80 Mp

Erstes Baujahr: 1854

Tender: 3 T

In den Jahren 1854–1860 beschaffte die Württembergische Staatsbahn zwölf Schnellzuglokomotiven mit großen Treibrädern von 1842 mm. Die Lokomotiven bewährten sich allerdings für den Schnellzugdienst nicht, bedingt durch die Topographie Württembergs. Man hatte übersehen, daß die Zylinder und Kessel zu klein ausgelegt waren. Selbst die letzte Lieferung mit größeren Zylindern und höherem Kesseldruck enttäuschte, denn man hatte die Rostfläche nicht mit vergrößert. Beim späteren Umbau in Klasse Ab wurden die Treibräder verkleinert und der Kessel vergrößert. Von einer weiteren Nachlieferung nahm man Abstand. In späteren Jahren versahen die Lokomotiven untergeordnete Dienste. Die letzten wurden Anfang der zwanziger Jahre ausgemustert.

Betriebsnummern: –

Schnellzuglokomotive

Klasse B alt (Württemberg)

Bauart	2'Bn2	Rostfläche	1,15 m^2
Treib- und Kuppelrad-Ø	1830 mm	Verdampfungsheizfläche	100,08 m^2
Laufrad-Ø vorn	930 mm	Überhitzerheizfläche	– m^2
Laufrad-Ø hinten	– mm	Zylinder-Ø	435 mm
Länge über Puffer	~11 050 mm	Kolbenhub	612 mm
Höchstgeschwindigkeit	– km/h	Achslast max.	9,5 Mp
Leistung	– PSi	Lokreibungslast	19 Mp
Kesselüberdruck	9 kp/cm^2	Lokdienstlast	33 Mp

Erstes Baujahr: 1865

Tender: 3 T

In den Jahren 1865 und 1868 wurden nochmals sechs Schnellzuglokomotiven als Gattung B beschafft, aber auch deren Schicksal war von kurzer Dauer, da der Kessel für die erforderliche Leistung noch zu klein war. Dasselbe traf für die Zylinderverhältnisse zu. Auffallend waren die zwei Dampfdome: auf dem Stehkessel und ganz vorne auf dem Langkessel. Auch diese Lokomotiven wurden teilweise umgebaut und bereits vor der Jahrhundertwende ausgemustert.

Betriebsnummern: –

Personenzuglokomotive

Klasse D alt (Württemberg)

Bauart	2'Bn2	Rostfläche	0,89 m^2
Treib- und Kuppelrad-∅	1386 mm	Verdampfungsheizfläche	67,79 m^2
Laufrad-∅ vorn	850 mm	Überhitzerheizfläche	– m^2
Laufrad-∅ hinten	– mm	Zylinder-∅	381 mm
Länge über Puffer	~12 500 mm	Kolbenhub	561 mm
Höchstgeschwindigkeit	– km/h	Achslast max.	7,5 Mp
Leistung	– PSi	Lokreibungslast	14,25 Mp
Kesselüberdruck	7 kp/cm^2	Lokdienstlast	26,50 Mp

Erstes Baujahr: 1856

Tender: 3 T

Für den Personenzugdienst beschaffte die Württembergische Staatsbahn bis zum Jahre 1868 ca. 40 Lokomotiven mit unterschiedlichem Aufbau, anfangs Klasse VII, dann D. Auffallend war der große Achsstand von 2100 mm zwischen den beiden Treibachsen. Die Lokomotiven hatten einen Crampton-Kessel, der Langkessel war jetzt rund und nicht mehr oval. Die erste Lieferung hatte nur einen Dom auf dem Langkessel, alle anderen hatten zwei Dome: auf dem Stehkessel und auf dem vorderen Kesselschuß. Die Räder waren jetzt, statt der früheren Stephensonschen Räder, vorwiegend geschmiedet. Teilweise waren sie mit der Kirchwegschen Kondensation ausgestattet. Alle hatten eine Steuerung mit einer geraden Schwinge, die der Bauart Allan-Trick entsprach. Bei späteren Revisionen erhielten alle Lokomotiven neue Kessel und wurden in verschiedenen andere Klassen umgebaut. Die letzten wurden Anfang der zwanziger Jahre ausgemustert.

Betriebsnummern: –

Güterzuglokomotive

Klasse E alt (Württemberg)

Bauart	2'Bn2	Rostfläche	1,03 m^2
Treib- und Kuppelrad-Ø	1218 mm	Verdampfungsheizfläche	85,12 m^2
Laufrad-Ø vorn	650 mm	Überhitzerheizfläche	– m^2
Laufrad-Ø hinten	– mm	Zylinder-Ø	410 mm
Länge über Puffer	~12200 mm	Kolbenhub	610 mm
Höchstgeschwindigkeit	– km/h	Achslast max.	10,1 Mp
Leistung	– PSi	Lokreibungslast	19,5 Mp
Kesselüberdruck	8 kp/cm^2	Lokdienstlast	29,0 Mp

Erstes Baujahr: 1859

Tender: 3 T

Die zweite württembergische Güterzuglokomotive erhielt wieder ein Drehgestell. Sie war mehr oder weniger eine gekuppelte Crampton mit Drehgestell, alle Achsen waren innengelagert. Gegenüber der C-gekuppelten Alblokomotive gab man sich allerdings mit dem geringeren Reibungsgewicht zufrieden. Die Außenzylinder befanden sich jedoch zwischen dem Drehgestell und der ersten Kuppelachse, wobei die zweite Achse angetrieben wurde. Trotzdem hatte durch das kurze Drehgestell die Lokomotive ein eigentümliches Aussehen. Einige Lokomotiven erhielten einen Kondensattender. Auch von dieser Gattung wurden etliche in den siebziger Jahren in andere Klassen umgebaut. Die letzten wurden in den zwanziger Jahren ausgemustert.

Betriebsnummern: –

Güterzuglokomotive

Klasse F (Württemberg)

Bauart	Cn2	Rostfläche	1,03 m^2
Treib- und Kuppelrad-Ø	1218 mm	Verdampfungsheizfläche	85,12 m^2
Laufrad-Ø vorn	– mm	Überhitzerheizfläche	– m^2
Laufrad-Ø hinten	– mm	Zylinder-Ø	410 mm
Länge über Puffer	~13500 mm	Kolbenhub	610 mm
Höchstgeschwindigkeit	– km/h	Achslast max.	– Mp
Leistung	– PSi	Lokreibungslast	19,5 Mp
Kesselüberdruck	8 kp/cm^2	Lokdienstlast	29,0 Mp

Erstes Baujahr: 1864

Tender: 3 T

Nachdem der Oberbau der Strecke Geislingen – Ulm verstärkt ausgebaut war, versuchte man abermals, mit einer C-gekuppelten Lokomotive den stark wachsenden Güterzugverkehr zu bewältigen. Von dieser Klasse wurden bis zum Jahre 1881 98 Lokomotiven beschafft. Bei verschiedenen Umbauten und durch neue Ersatzkessel wurde der Kesseldruck auf 12 atü erhöht, etliche wurden auf Verbundwirkung umgebaut. Einen etwas ungewöhnlichen Anblick bot die F mit ihrer überhängenden Rauchkammer und dem sehr weit nach vorne verschobenen Kuppelstangengelenk. Auf dem Langkessel befand sich ein sehr großer Dampfdom, während auf dem Stehkessel ein kleiner saß. Die Lokomotiven liefen auf dem gesamten württembergischen Streckennetz. Eine war sogar 1923 im Umzeichnungsplan der DRG noch vorgesehen. Die letzten wurden Mitte der zwanziger Jahre ausgemustert.

Betriebsnummern: 53 8301

Personenzuglokomotive

Klasse B 1 (Württemberg)

Bauart	1Bn2	Rostfläche	0,98 m^2
Treib- und Kuppelrad-∅	1530 mm	Verdampfungsheizfläche	102,58 m^2
Laufrad-∅ vorn	930 mm	Überhitzerheizfläche	– m^2
Laufrad-∅ hinten	– mm	Zylinder-∅	408 mm
Länge über Puffer	~13120 mm	Kolbenhub	561 mm
Höchstgeschwindigkeit	– km/h	Achslast max.	11,0 Mp
Leistung	– PSi	Lokreibungslast	20,0 Mp
Kesselüberdruck	9 kp/cm^2	Lokdienstlast	29,15 Mp

Erstes Baujahr: 1868

Tender: 2 T 6,5

Mit dieser Klasse hat sich die Württembergische Staatsbahn unter ihrem damaligen neuen Obermaschinenmeister Brockmann von der führenden Drehgestell-Lokomotive abgewandt. Bei der Maschinenfabrik Esslingen entstanden damals sehr viele solcher Serienlokomotiven für verschiedene Bahnen. Man erreichte ein Reibungsgewicht von 20 t. Der Crampton-Kessel war vorn und hinten überhängend. Die innenliegende Allan-Steuerung hatte erstmals eine Schraubenumsteuerung der Bauart Wöhler, die aber nicht bei allen 56 Lokomotiven dieser Klasse angewandt wurde. Neu war der Schornstein von Prüsmann, der jetzt in Württemberg eingeführt wurde. Von dieser Klasse wurde später keine Lokomotive mehr umgebaut, wie es früher in Württemberg häufig der Fall war.

Betriebsnummern: –

Tenderlokomotive

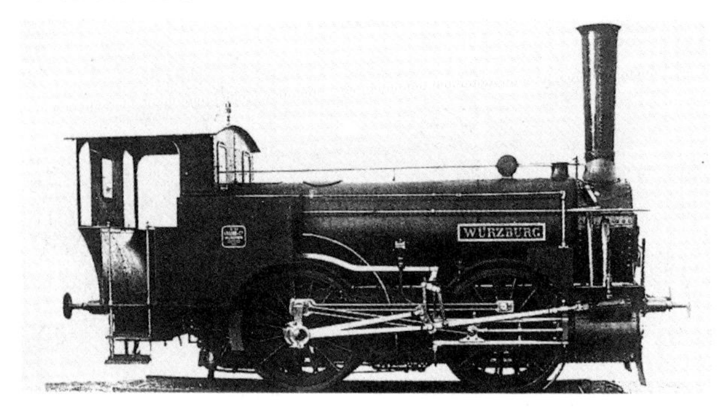

Klasse B kr (Württemberg)

Bauart	Bn2	Rostfläche	1,26 m²
Treib- und Kuppelrad-∅	1530 mm	Verdampfungsheizfläche	91,55 m²
Laufrad-∅ vorn	– mm	Überhitzerheizfläche	– m²
Laufrad-∅ hinten	– mm	Zylinder-∅	370 mm
Länge über Puffer	~7950 mm	Kolbenhub	600 mm
Höchstgeschwindigkeit	– km/h	Achslast max.	11,0 Mp
Leistung	– PSi	Lokreibungslast	26,3 Mp
Kesselüberdruck	10 kp/cm²	Lokdienstlast	26,3 Mp

Erstes Baujahr: 1867

Die Fa. Krauss baute in den sechziger Jahren für verschiedene Bahnen Tenderlokomotiven mit großen Treibrädern. Die Württembergische Staatsbahn schloß sich an und beschaffte sechs Stück dieser Art für ihre Nebenstrecken. Auffallend war der überhängende domlose Kessel. Der Schornstein war Bauart Prüsmann, sie hatten eine außenliegende Allan-Steuerung, der Wasservorrat befand sich in einem Wasserkasten zwischen den beiden Treibachsen. Aus dem Betriebsdienst sind die Lokomotiven bereits Anfang der neunziger Jahre, vermutlich wegen der geringen Vorräte, ausgeschieden.

Betriebsnummern: –

Personenzuglokomotive

Klasse A (Württemberg)

Bauart	1Bn2	Rostfläche	1,6 m^2
Treib- und Kuppelrad-Ø	1650 mm	Verdampfungsheizfläche	105,3 m^2
Laufrad-Ø vorn	1045 mm	Überhitzerheizfläche	– m^2
Laufrad-Ø hinten	– mm	Zylinder-Ø	420 mm
Länge über Puffer	~14140 mm	Kolbenhub	560 mm
Höchstgeschwindigkeit	– km/h	Achslast max.	– Mp
Leistung	– PSi	Lokreibungslast	26,35 Mp
Kesselüberdruck	12 kp/cm^2	Lokdienstlast	39,35 Mp

Erstes Baujahr: 1878

Tender: 2 T 10

Für den zunehmenden schweren Schnellzugverkehr beschaffte die Württembergische Staatsbahn weitere starke Lokomotiven. Es wurden zunächst zehn Stück, im Jahre 1888 nochmals drei Stück geliefert. Die Lokomotiven hatten eine Feuerbüchse Maegscher Bauart, d.h. mit einer halbrunden, gewellten und ankerlosen Decke, was die Änderungen der Waschluken am hinteren Ventilständer erklären mag. Der Domdeckel hatte Ramsbottom-Ventile. Der große Langkessel bewirkte ein eigenartiges Aussehen. Der Radstand betrug 4 m mit Treibrädern von 1650 mm und kleiner Führungsachse. Die Rostfläche war mit der Zylindergröße erstmals gut abgestimmt. Von dieser Type wurden später noch weitere Lokomotiven in verschiedenen Änderungen – bis zu 57 Stück – beschafft. Etliche andere Klassen wurden im Umbaustadium dieser Klasse angeglichen. Die letzten wurden im Jahre 1924 ausgemustert.

Betriebsnummern: 34 8101–02

Personenzuglokomotive

Klasse D (Württemberg)

Bauart	2'Cn4v	Rostfläche	2,3 m^2
Treib- und Kuppelrad-Ø	1650 mm	Verdampfungsheizfläche	162,0 m^2
Laufrad-Ø vorn	850 mm	Überhitzerheizfläche	– m^2
Laufrad-Ø hinten	– mm	Zylinder-Ø	2×380/600 mm
Länge über Puffer	16920 mm	Kolbenhub	560 mm
Höchstgeschwindigkeit	– km/h	Achslast max.	15,0 Mp
Leistung	– PSi	Lokreibungslast	44,8 Mp
Kesselüberdruck	14 kp/cm^2	Lokdienstlast	64,4 Mp

Erstes Baujahr: 1898

Tender: 2'2 T

Für die schwierigen, steigungsreichen Strecken Bretten – Stuttgart – Ulm reichten die 2B-Lokomotiven nicht mehr aus, so daß nur eine dreifach gekuppelte Lokomotive in Frage kam, wie sie in Baden und Preußen schon vorhanden waren. Entsprechend den Streckenverhältnissen wurden die Treibraddurchmesser auf 1650 mm festgelegt. Die bisher gebräuchliche Anordnung der vier Zylinder nach de Glehn wurde auch hier geändert, indem die kleinen Hochdruckzylinder nach innen und die großen Niederdruckzylinder nach außen gelegt wurden. Der Zweiachsantrieb nach de Glehn wurde beibehalten. Die Außenzylinder wurden geneigt angeordnet, sie befanden sich hinter der zweiten Drehgestellachse und vor der ersten Treibachse. Der Fortschritt gegenüber der badischen IVc lag im Lastausgleich zwischen den beiden Treibachsen. Sie leistete mit 250 t Zuggewicht bei 10‰ Steigung noch 60 km/h. Trotz Umzeichnung 1923 im DRG-Plan wurden sie alle im Jahre 1924 ausgemustert.

Betriebsnummern: 38 101 – 108

Personenzuglokomotive

Klasse E (Württemberg)

Bauart	1'B1'n3v	Rostfläche	2,0 m^2
Treib- und Kuppelrad-∅	1650 mm	Verdampfungsheizfläche	148,1 m^2
Laufrad-∅ vorn	1045 mm	Überhitzerheizfläche	– m^2
Laufrad-∅ hinten	1045 mm	Zylinder-∅	420 mm
Länge über Puffer	16109 mm	Kolbenhub	560 mm
Höchstgeschwindigkeit	– km/h	Achslast max.	13,8 Mp
Leistung	– PSi	Lokreibungslast	29,2 Mp
Kesselüberdruck	12 kp/cm^2	Lokdienstlast	55,2 Mp

Erstes Baujahr: 1892

Tender: 2 T 10

Der württembergische Maschinenbaumeister Klose ließ für den Schnellzugdienst von der Fa. Cockerill in Seraing, Belgien, zehn Lokomotiven in 3-Zylinder-Verbundausführung bauen. Äußerlich sahen die Lokomotiven denen der Type 12 der Belgischen Staatsbahn ähnlich, doch ließ Klose einiges ändern. Der Belpaire-Kessel war auf 15 atü ausgelegt, wurde aber mit 12 atü betrieben, das Verhältnis Rostfläche zur Heizfläche war knapp bemessen, der Rost war mit unterstützter Feuerbüchse stufenförmig ausgebildet. Das Triebwerk hatte drei gleich große Zylinder in Verbundanordnung, der Hochdruckzylinder war innen, die beiden Niederdruckzylinder außen, zum Anfahren wurden Ventile zum Wechsel zwischen einfacher Dampfdehnung und Verbundwirkung eingesetzt. Die Laufachsen wurden durch das Klosesche Lenkwerk mit der Tenderkupplung verbunden. Die Lokomotiven konnten 150 t schwere Züge bei 10‰ noch mit 60 km/h befördern. Alle Lokomotiven wurden 1921 ausgemustert.

Betriebsnummern: –

Güterzuglokomotive

Klasse F 1c (Württemberg)

Bauart	Cn2v	Rostfläche	1,4 m^2
Treib- und Kuppelrad-∅	1380 mm	Verdampfungsheizfläche	116,7 m^2
Laufrad-∅ vorn	– mm	Überhitzerheizfläche	– m^2
Laufrad-∅ hinten	– mm	Zylinder-∅	480/685 mm
Länge über Puffer	14805 mm	Kolbenhub	612 mm
Höchstgeschwindigkeit	– km/h	Achslast max.	13,57 Mp
Leistung	– PSi	Lokreibungslast	41,6 Mp
Kesselüberdruck	14 kp/cm^2	Lokdienstlast	41,6 Mp

Erstes Baujahr: 1893

Tender: 2 T

Nach dem Beispiel der Klasse G für eine E-gekuppelte Güterzuglokomotive ließ der württembergische Maschinenmeister Klose nun auch sechs Lokomotiven bauen mit dem sogenannten Gelenk-Triebwerk für den langen Achsstand von 5000 mm. Hierbei wird die vordere und hintere Treibachse mit einem Lenkwerk derart miteinander sowie mit dem Tenderrahmen verbunden, daß sich die Achsen im Gleisbogen radial einstellen können. Der Kessel hatte eine Belpaire-Feuerbüchse, der Rost war in gebrochener Linie aus drei Feldern zusammengesetzt. Das Triebwerk war eine Zwei-Zylinder-Verbundausführung. Auffallend bei der Klasse F waren die im Verhältnis zur Kessellänge sehr langen Rauchkammern. Sonst war die äußere Ausführung sehr glatt; es gab einen Dampfdom. Ausgemustert wurden die Lokomotiven Mitte der zwanziger Jahre, obwohl drei Stück im Umzeichnungsplan der DRG von 1923 noch enthalten waren.

Betriebsnummern: 53 8451 –52

Güterzuglokomotive

Klasse G (Württemberg)

Bauart	En3v	Rostfläche	2,18 m^2
Treib- und Kuppelrad-Ø	1230 mm	Verdampfungsheizfläche	197,6 m^2
Laufrad-Ø vorn	– mm	Überhitzerheizfläche	– m^2
Laufrad-Ø hinten	– mm	Zylinder-Ø	480 mm
Länge über Puffer	~14 079 mm	Kolbenhub	612 mm
Höchstgeschwindigkeit	– km/h	Achslast max.	13,7 Mp
Leistung	– PSi	Lokreibungslast	69,4 Mp
Kesselüberdruck	12 kp/cm^2	Lokdienstlast	69,4 Mp

Erstes Baujahr: 1892

Tender: 2 T

Die vorhandenen C-gekuppelten Güterzuglokomotiven waren zu schwach für den stark zunehmenden Verkehr auf der steilen Geislinger Steige, die auch mit Vorspann unwirtschaftlich zu bewältigen war. Trotz der schwierigen Radienverhältnisse ließ der württembergische Maschinenmeister Klose eine 5achsige Lokomotive mit 70 t Reibungsgewicht bauen. Die neuartige Bauform erregte bei Fachleuten Aufsehen. Wie bei der Klasse F setzte Klose ein Lenkwerk zur Radialeinstellung im Gleisbogen ein. Auch bei den Federn gelang ihm ein Kunstgriff: Er brachte sie in zwei Längsebenen unter. Der Kessel hatte eine Belpaire-Feuerbüchse, die Anordnung der drei Zylinder mit gleichem Durchmesser entsprach der 1B1-Schnellzuglokomotive Klasse E, alle Zylinder arbeiteten auf die 2. Treibachse. Innen befand sich die Allan-Steuerung. Die Lokomotiven konnten ein Wagengewicht von 680 t bei 10‰ Steigung noch mit 13 km/h befördern. Ausgemustert wurden alle fünf Lokomotiven im Jahre 1921.

Betriebsnummern: –

Güterzugtenderlokomotive

Baureihe 93^{7-8} (Württemberg T 14)

Bauart	1'D1'h2	Rostfläche	2,49 m²
Treib- und Kuppelrad-Ø	1350 mm	Verdampfungsheizfläche	126,62 m²
Laufrad-Ø vorn	1000 mm	Überhitzerheizfläche	50,28 m²
Laufrad-Ø hinten	1000 mm	Zylinder-Ø	600 mm
Länge über Puffer	14500 mm	Kolbenhub	660 mm
Höchstgeschwindigkeit	70 km/h	Achslast max.	17,9 Mp
Leistung	1000 PSi	Lokreibungslast	67,9 Mp
Kesselüberdruck	12 kp/cm²	Lokdienstlast	101,0 Mp

Erstes Baujahr: 1921

Wegen des hohen Schadbestandes an Tenderlokomotiven und wegen des Lokmangels aufgrund von Reparationsleistungen beschaffte die Württembergische Staatsbahn im Jahre 1921 20 Tenderlokomotiven der preußischen Bauart Gattung T 14. Sie wurden nach deren Zeichnungen gebaut. Sie erhielten zunächst noch württembergische Nummern, wurden aber im Umzeichnungsplan 1923/25 unter der DRG-Nr. 93^{7-8} eingereiht. Eingesetzt wurden sie anfangs auch für den Stuttgarter Vorortverkehr Ludwigsburg – Stuttgart – Esslingen.

Betriebsnummern: 93 795–814, 93 832–835

Hersteller deutscher Dampflokomotiven

Berliner Maschinenbau-Actien-Gesellschaft, vormals L. Schwartzkopff, Wildau bei Berlin
A. Borsig Lokomotivbau, Berlin-Tegel
Elsässische Maschinenbaugesellschaft, Grafenstaden
Hagans, Frankfurt
Hanomag, Hannoversche Maschinenbau-Actiengesellschaft, vormals Georg Egestorff, Hannover-Linden
Henschel und Sohn, Kassel
Hohenzollern Aktiengesellschaft für Lokomotivbau, Düsseldorf-Grafenberg
Arnold Jung Lokomotivfabrik GmbH, Jungenthal
Emil Keßler, Karlsruhe und Esslingen
Krauss-Maffei Aktiengesellschaft, München
Friedrich Krupp GmbH, Essen
Linke-Hofmann-Busch, Salzgitter
Locomotivfabrik Krauss u. Comp. Actiengesellschaft, München und Linz a.D.
J.A. Maffei, München
Maschinenbau-Anstalt Humboldt, Köln-Kalk
Maschinenbau-Gesellschaft, Heilbronn
Maschinenbau-Gesellschaft Karlsruhe, Karlsruhe/Baden
Maschinenfabrik Buckau, Magdeburg-Buckau
Maschinenfabrik Esslingen, Esslingen
O & K, Orenstein und Koppel, Aktiengesellschaft, Berlin
Sächsische Maschinenfabrik, vorm. Richard Hartmann Aktiengesellschaft, Chemnitz
Schichau, Elbing, Danzig
Stettiner Maschinenbau-Aktiengesellschaft Vulcan, Stettin-Bredow
Union-Gießerei, Königsberg
F. Wöhlert, Berlin
R. Wolf Aktiengesellschaft, Magdeburg-Buckau

Ausländische Lokomotivfabriken, die deutsche Bahnen belieferten

Andrew Barclay, Sons and Co., Kilmarnoch
Mathias Baldwin, Philadelphia
Sharp, Stewart and Cie., Manchester
Norris, Williams Construction and Co., Philadelphia
Sigl, Georg, Wien
Stephenson, George and Co., Newcastle
Regnier Poncelet, Lüttich

I. Mayer, Mühlhausen, Elsaß
Grafenstaden, Mühlhausen, Elsaß
Cockerill in Sevraing, Belgien

Literaturverzeichnis

Lokomotiven und Wagen der Königlich-Württembergischen, Sächsischen und Bayerischen Staatseisenbahnen, Franckh-Kosmos Verlag, Stuttgart
Das Eisenbahn-Maschinenwesen der Gegenwart, C.W. Kreidel, Wiesbaden, 1912
Die Entwicklung der Dampflokomotive im Gebiet des VDEV, R. Oldenburg, Berlin 1930 und 1937
Griebl/Schadow, Verzeichnis der deutschen Lokomotiven, Verlag Josef Otto Slezak, Wien 1968
Mayer M., Lokomotiven, Wagen und Bergbahnen, VDI-Verlag, Berlin 1924
Merkbücher für Schienenfahrzeuge, Dienstvorschriften der Deutschen Reichsbahn
Lokomotiv-Verzeichnisse der früheren deutschen Länderbahnverwaltungen
Maedel, Dampflokomotiven gestern und heute, VEB-Verlag Technik, Berlin 1957 und 1968
Jahn, Die Dampflokomotive, Springer Verlag, Berlin 1924

Zeitschriften

Lok-Magazin
Die Lokomotive, Wien-Bielefeld
Eisenbahn-Journal
Hanomag-Nachrichten
Organ für die Fortschritte des Eisenbahnwesens
Glasers Annalen

Bildnachweis

Braitmaier, Stuttgart: 121, 125, 126, 130, 131, 136;
Dr. Scheingraber, Hechendorf: 4, 8, 15, 16, 17, 21, 24, 30, 32, 33, 43, 49, 54, 55, 56, 57, 59, 60, 68, 70, 71, 73, 77, 79, 81;
Schreiber, Mainz: 22, 25, 45, 46, 47, 48, 50, 58, 61, 62, 65, 66, 67, 72;
Deutsches Lokomotivbild-Archiv, Darmstadt, Sammlung Autor;
sowie Sammlung Autor, Zeichnungen: Autor.